Met eene Penning dörch Düsseldorf

Met eene Penning dörch Düsseldorf

Eine »sagenhafte« Reise
rund um die Mundart

Düsseldorf 1994
Grupello Verlag

Die Deutsche Bibliothek – CIP-Einheitsaufnahme

Met eene Penning dörch Düsseldorf : eine »sagenhafte« Reise rund um die Mundart / [hrsg. von Rainer Hartmann ...]. – 1. Aufl. – Düsseldorf : Grupello Verl., 1994
 ISBN 3-928234-18-8
NE: Hartmann, Rainer [Hrsg.]

Herausgegeben von
Rainer Hartmann, Marianne Holle und Heinz Jürgens
unter Mitarbeit von Ludwig Götz

Mit Illustrationen von Detlef Exner (Textteil)
und Kindern der Bonifatius-Schule Düsseldorf (Liedteil)

1. Auflage 1994

© by Grupello Verlag
Schwerinstr. 55 · 40476 Düsseldorf
Tel. 0211-491 25 58 · Fax 0211-498 01 83
Alle Rechte vorbehalten
Satz: 42-Lit, Düsseldorf
Umschlagfoto: Rolf Purpar
Druck: Aschendorff, Münster
Printed in Germany

ISBN 3 - 928234 - 18 - 8

INHALT

Ons Platt

Fröher, do sproche se all zehus,
jede Dach bloß ons Platt.
Späder, do soh et denn angers us,
hee en ons schöne Stadt.
Manche, demm wor dat nit fein jenoch,
wat em de Jroß verzällt.
Doch met de Ziet do es et sowiet,
dat et em wedder jefällt!

Hezzleche Tön fengste leicht em Platt,
dat es ja nit so schwer.
Lostije Mensche, die wesse dat,
alles von fröher her.
On och ons Jurend es hee on do
widder mem Hezz dobei,
weil onserm Platt, hee en ons Stadt,
halde de Mensche de Treu!

Klemens Klöckner

Dieses Buch entstand mit dem Ziel, die Düsseldorfer Mundart zu fördern und zu erhalten. Versuche, die Düsseldorfer Jugend an unser Platt heranzuführen, leiden unter dem Mangel an geeigneten Texten. Diese Veröffentlichung will sowohl Kinder und Jugendlichen als auch interessierte Erwachsene ansprechen.

Die Autoren haben sich bemüht, eine Schriftsprache zu verwenden, die dem Mundart-Unkundigen den Zugang erleichtert, ohne daß hierbei die charakteristischen Merkmale unserer Muttersprache vernachlässigt werden. Dabei wollen sie weder allgemeingültige Richtlinien für den Gebrauch und die Schreibung der Düsseldorfer Mundart aufstellen, noch nehmen sie für sich in Anspruch, alle Nuancen unserer Sprache berücksichtigt zu haben. Dies sollte einem anderen Gremium überlassen bleiben und war nicht Zielsetzung der Herausgeber.

Deshalb sollte das vorliegende Buch unvoreingenommen als das betrachtet werden, was es sein will: eine Hilfe bei den Bemühungen um die Erhaltung der Düsseldorfer Mundart.

Rund um die Mundart

Mit allen kleinen und großen Düsseldorfern und denen, die richtige Düsseldorfer werden wollen, begeben wir uns nun auf eine »sagenhafte« Reise rund um die Düsseldorfer Mundart. *Sagen*haft? Ja, denn wir werden unterwegs einer Vielzahl von mündlich überlieferten Ereignissen nachspüren, die sich im alten Düsseldorf zugetragen haben sollen.

Was es dazu zu berichten gibt, erzählen wir euch in einer Sprache, die damals noch fast jeder Düsseldorfer beherrschte: das Düsseldorfer Platt oder - wie wir etwas »feiner« sagen - unsere Düsseldorfer Mundart. Leider ist uns heute diese Sprache mehr und mehr abhanden gekommen, und so wird es Zeit, daß wir sie wieder ans Tageslicht zurückholen! Das genau tun wir natürlich am besten, wenn wir uns zunächst erinnern, wie es im alten Düsseldorf früher einmal war.

Die »zwanzech Jeschechte von ons Düsseldorf« führen uns auf unserer Reise zurück bis in die Zeit, als Düsseldorf wirklich noch das Dorf an der Düssel war.

Versucht einmal, diese Geschichten laut zu lesen! Ihr werdet dann feststellen, daß es mit dieser »Fremdsprache« so schwer gar nicht ist und daß ihr beim lauten Lesen sogar auf Anhieb viel mehr von dem versteht, was wir euch erzählen wollen.

Eine richtige »historische Reise« soll uns immer auch an die Schauplätze führen, wo sich bestimmte Ereignisse zugetragen haben. In diesem Buch ist selbstverständlich der »Düsseldorfer Radschläger« unser Reisebegleiter; er stellt euch zwischendurch manche kniffelige Aufgabe, die ihr sicherlich nur dann lösen könnt, wenn ihr euch wirklich an die Plätze begebt, von denen in den Geschichten berichtet wird - ihr werdet sehen, es lohnt sich! Am Ende wird euch dann nicht nur Düsseldorf viel vertrauter sein, sondern auch die Düsseldorfer Mundart.

...und wenn euch das alles Spaß gemacht hat, dann gibt es auch Grund genug zu singen »De Düsseldorfer Kenger spreche Platt« oder eines der vielen anderen Lieder im zweiten Kapitel dieses Buches.

Als Begleitmaterial zu diesem Buch gibt es eine Toncassette. Sie enthält einige der 20 Geschichten und Lieder, gesungen und gesprochen u.a. von Düsseldorfer Schülerinnen und Schülern. Die Toncassette ist erhältlich bei den Düsseldorfer Mundartfreunden e.V., Geschäftsstelle: Stiftsplatz 4 a, Lambertushaus, 40213 Düsseldorf, Tel.: 0211 / 32 98 07.

De Düsseldorwer Radschläjer

Herbert Eulenberg
in Mundart übertragen von Heinz Jürgens

Auf der Königsallee begegnete man früher häufig Jungen und Mädchen, die »Rad schlugen« und die Spaziergänger baten: »Eene Penning för ne Radschläjer!« Dafür war Düsseldorf in der ganzen Welt bekannt, denn so etwas gab es sonst nirgendwo. Nun fragt man sich, warum ausgerechnet den Düsseldorfer Jungen und Mädchen das Radschlagen so einen Spaß machte...

Die Jeschecht spellt en die Ziet, wie dä Jrof Adolf von Berg op de Worrenger Heid demm Ähzbeschof von Kölle fies verkammesölt hät. Als wies de Schlacht am Eng wor, es dä Jrof met sin Freunde noh Düsseldorf jetrocke on bes noh Heehdt es dä Herzoch von Brabant metjekome. Als sech dä Jrof Adolf von demm Herzoch jetrennt hadden, konnt hä et nit afwahde, wedder noh Düsseldorf ze kome, on dröm es hä, noch bevör dat donkel jewohde wor, flöck öwer dr Rhing jefahre. Do et öm die Ziet en Düsseldorf noch kin Bröck jof, hätte e Floß jenomme on es als eeschte op de Düsseldorwer Sitt aan Land jehöppt. Nohdemm och si Pähd wedder om feste Bode wor, dorft dat janze Kreppke, wat met demm Jrof en de Schlacht jetrocke wor, von demm Floß eronger. Do jof et ne Hoope, die wo am hömpele odder jrön on blau wore, weil se denne op de Worrenger Heid so ärch zojesetzt hadden. Am Eng kom noch dä Ähzbeschof von Kölle, dä Siegfried von Westerburg, met e janz ürech Jesecht von demm Scheff, dä hadden nämmesch dä Kreech verlore.

Als wie die do all aankome, hant die ne ärje Krach jeschlare, so dat schon bald e paa Rotzeje öm de Eck luurten, för ze kicke, wat do loß wor. Et kom schleeßlech nit jede Dach för, dat en dat kleene Düsseldorf sojet passeeht es. De Jonges wore janz us em Hüske, als die all die stolze Kähls en demm Ieserzüch bowen op de Pähds setze on met de Fahne do eroptrecke sohe. Die hant Nas on Mull opjeresse on konnten zoeesch behaups nix sare. En demm Orebleck hät dä Jrof Adolf von si Pähd eronger för die Jonges jesaht: »Weßt ehr denn nix Löstejes, ehr Rabaue?«, weil demm dat lange Jesecht von dä Kölsche Ähzbeschof om Jemöt jeng. On bevör mr sech noch versenn hät, fenge die Rotzeje aan, op de Hängk ze loope on et Rad ze schlare. Die driehden sech vör denne her, bes dat se aan de eeschte Hüüser kome. Dä Jrof on sin Lütt hant fas Buckping vör Lache jekrett, bloß dä Ähzbeschof es bei si lang Jesecht jebleewe.

On weil dat all so vell Freud jemaht hät, hant die Düsseldorwer Pute von dä Dach aan för die Lütt, wo noh Düsseldorf kome on hee fremd wore - on och för de Düsseldorwer selfs - et Rad jeschlare on dobei jerope: »Eene Penning för ne Radschläjer!«

Ein Radschläger-Wettbewerb findet jährlich im Sommer auf der Königsallee statt.- Das ist ein Ereignis, bei dem es sich lohnt dabei zu sein - ob als »Aktiver« oder als Zuschauer! Veranstalter des Wettbewerbs sind: Heimatverein »Alde Düsseldorfer 1920 e.V.« in Zusammenarbeit mit der Stadt-Sparkasse Düsseldorf, Berliner Allee (Informationen unter Tel.: 0211 - 32 22 50 oder 0211 - 878-16 38). Die Radschläger, die diesen Wettbewerb austragen, sind Düsseldorfer Schülerinnen und Schüler. Sie haben natürlich fleißig trainiert. Die Besten machen dann auf der Königsallee mit!

...übrigens: Wer kann den Spruch auf dem Radschläger-brunnen am Burgplatz übersetzen? Er stammt von Düsseldorfs Mundartdichter Hans Müller-Schlösser.

DE SCHLACHT BEI WORRINGE

Heinz Engels

Ne Mann, dä aan de Schlacht bei Worringe op de Fühlinger Heid deeljenomme hät, nämmesch de Jan van Heelu, hät ons dä dramatische, heldenmotije on blodije Kampf jescheldert on öwerleewert. Hee nun sin Chronik en Düsseldorwer Platt:

Nohdemm mr dä Ähzbeschof vom Schlachtfeld jeföht hadden, duurden de Schlacht noch aan, lang on jewaldech trock se sech hen. Do jereede dr Herzoch Adolf on sin Jefolchslütt en de jrößte Not. Äwer se heelden trotzdemm stand on stredden, bes dat de Schlacht janz jeschlare wor, worop ech späder noch ens zeröckkom.

Doch zoeesch well ech üch verzälle, wie die köhne berjesche Buure met ehr stacheljespeckte Knöppele eraanröckten on en de Schlacht enjreffe. Die kome ielech aanjerannt, allemole zom Kampf usjeröst, wie dat domols öblech wor. Se drure zom jrößte Deel ne Wams on ne Helm, e paa och ne Brostharnisch. Allerdengs hät mr denne Schwerter met scharfe Klenge nit ushändije wolle. Äwer allemole hadden se Knöppel, die aan de Spetz met iesere Näjel jestachelt wore. Aan ehr Rotte hant sech de Kölsche met ehr Batalljone draanjehängt. Bei denne soh mr Schwerter on Panzerhemde blenke. Bevör no de dredde Kampfjropp en de Schlacht enjreff, hadden lange Ziet dä Herzoch von Brabant met sin Lütt janz alleen de Schlacht usjehalde. Ech kann on möht nit usmole, wat die usjerechtet hädden, die met ehr Knöppele do jestande hant, wenn onse Herzoch Schrüpp jekritt hädden. Och dä Broder Walter Dodde hät schon sin Ängs jehatt, dat se ze lang wahde döhde, bevör se demm Herzoch ze Hölp köme. Do es sin Leidenschaft on sin Treue för Brabant met em dörchjejange, dat hä rechtech en Hetz jekome es.

Hä es tollkühn vör sin Schlachtreih hen on her jeredde on hät die Buure anjestiwwelt: »So tapfer, wie sech bloß örjenseene Först en örjens e Land wehre kann, so hät sech dr Herzoch von Brabant bes op de letzte Schwertspetz jewehrt on dr Seech fast dovonjedrare. No treckt all blank, denn et es Ziet, dat ehr

13

endlech enjrieft, wenn ehr üre Lohn verdeene wollt, denn de Feinde send so jot wie jeschlare!«

Wie se dat höhden, trocke se en Reih on Jlied tapfer en dr Kampf, met dä frohe Schlachtrof:

> »Hoch, ruhmreiches Berge!«
> Hya, hya, Berge romerike!

Im Jahr der Schlacht bei Worringen wurde Düsseldorf durch Graf Adolf V. zur Stadt erhoben. Gegenüber dem alten Rathauseingang findest du unter den Arkaden verschiedene Bronzetafeln. Auf einer dieser Tafeln kannst du erfahren, wann das Fischerdorf an der Düssel von ihm die Stadtrechte verliehen bekam. - In welchem Jahr war das? Wie alt ist demnach die Stadt heute?

Von diesem für Düsseldorf wichtigen Ereignis erzählt auch das Stadterhebungsmonument des Düsseldorfer Künstlers Bert Gerresheim, das dort am Burgplatz angebracht ist, wo die Düssel ins Unterirdische verschwindet. Beschreibe alles das, was du in diesem Kunstobjekt erkennen kannst! Im Rathaus gibt es dazu noch eine kleine Informationsbroschüre.

...übrigens: Wer ist an einer Rathausführung interessiert? Telefonische Anmeldung: 899-3111

DÄ EESCHTE STADTPLAN

Herbert Eulenberg,
in Mundart übertragen von Heinz Jürgens

Vör en lange Ziet wor dä Jrof Adolf ens et owens en dat kleene Dörpke Düsseldorp aanjekome on hat sech tirek möhd en et Bett jelächt. Am nächste Morje, als wies hä jot usjeroht wor, hätte sech dat kleene Düsseldorp näher aanjekickt. Domet wor dä Jrof flott fähdech, jof et doch domols en Düsseldorp bloß drei kleene Strößkes, dat wore de »Aldestadt«, de »Leeferjaß« on de »Krämerstroß«. On mr hät domols wennejer Ziet för eemo öm dat Dörpke erömzeloope jebrucht, wies en Eieruhr brucht för dä Sangk dörchloope ze losse. Öm dat janze Dörpke doht de Düssel fleeße. Domet die alde Düsseldorwer beim Hochwasser kin nasse Föß jekrett hant, hadden die Ähd opjeschött för Hüüser dodrop ze baue. Die Hüskes kickten janz freundlech von do owe op dat Flüßke eronger.

Demm Jrof Adolf hät dat alles ärch jot jefalle on besonders, dat öm dat Dörpke schon Wasser am fleeße wor. Do konnt mr prima en Festong drus make, so rechtech met Muure on Törmkes drop. On domet hä sech dat besser vörstelle konnt, hätte sech e Brett jenomme on met e Metz dä Plan von de Stadt on de Festong do erenjekratzt. En de Muur sollten drei jroße Pohze renkome, die een nohm Rhing, een om Wäch noh Ratenge on die dredde aan die Sitt, wo hä sech sin Burch henbaue wollt. On öwerall do, wo en de Muur en Pohz henkome sollt, hätte met dat Metz e Krüzz en dat Brett jeschneede. Aan die Stell, wo de Burch henkome sollt, hätte dat Metz janz deef erenjestoche on dat dren steckejelosse.

Dat Brett wor eso schön, dat mr et noch lang em Rothuus opjehowe on jede Fremde, wo noh Düsseldorf kom, jezeicht hät. Als wies die Jeschecht von dä hölzerne Plan en Kölle verzällt wohde es, hant die sech öwer die dowe Düsseldorwer fas kapottjelacht on jefrocht, wat dat denn för ne Kalmeskäu wör. Se wore sech secher, dat so wennech, wie us e Stöck Holz ne Boom wachse kann, us dat Dörpke örjenswann emo en jroße Stadt wähde könnt. Äwer do hant die Kölsche sech fies em

Fenger jeschneede, och wemmer hütt emmer noch Düsseldorf heeße, semmer doch längs en feine jroße Stadt jewohde.

Bevor Düsseldorf vom Grafen Adolf die Stadtrechte verliehen bekam, gab es in dem alten Fischerdörfchen nur drei kleine Straßen. Du findest sie in dem abgebildeten ersten Stadtplan von Düsseldorf wieder! - Wie heißen sie?

Eine Seitenstraße der »Altestadt« heißt heute Ursulinengasse. Mach dich dort einmal auf die Suche danach, wo die alte Stadtmauer das frühere »Düsseldörfchen« begrenzte. Bei deinen Nachforschungen wird es dir helfen, wenn du das Straßenpflaster in der Ursulinengasse ganz aufmerksam beobachtest. Was findest du heraus? -

Wer entdeckt dort in der Nähe noch mehr Informationen über Düsseldorf? In welchem Jahr bekam Düsseldorf die Stadtrechte?

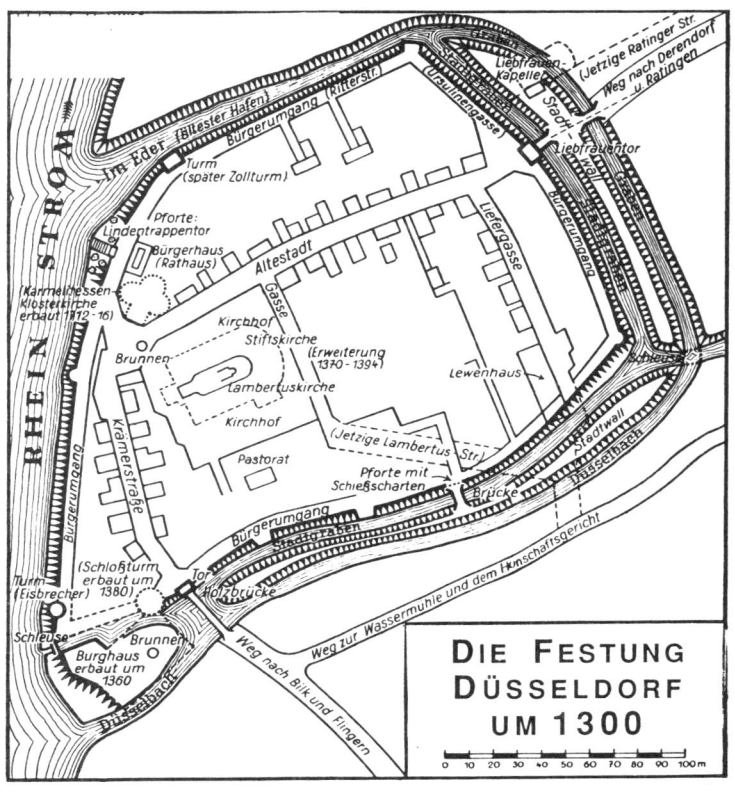

DIE FESTUNG
DÜSSELDORF
UM 1300

0 10 20 30 40 50 60 70 80 90 100 m

Wat ons Strossenamens verzälle könne

Heinz Jürgens

Im Laufe der Jahrhunderte ist von dem alten Düsseldorf nur wenig erhalten geblieben. Wir müssen sehr genau hinschauen, um in unseren Straßen noch das eine oder andere aus vergangenen Zeiten zu entdecken. In der Düsseldorfer Altstadt geben uns die Straßennamen manchen Hinweis auf die Zeit der Stadtgründung. Früher benannte man die Straßen nach dem, was dort zu finden war oder wozu die Straße diente. So erfahren wir auch heute noch etwas über das alte Düsseldorf.

Dat et en dat alde Düsseldorf vier jroße Pohze jejowe hät, dörch die mr us de Stadt erusjekome es, dat könne mr hütt noch aan de »Flengerstroß«, de »Berjerstroß«, de »Rhingstroß« on de »Ratenger Stroß« erkenne. Die Stroße hadden nämmesch dä Name von die Rechtong jekrett, wo de Lütt henkome, wenn se dörch die Pohz erusjenge. Flenger-, Rhing- on Ratenger Stroß losse sech leicht erkläre, et jing noh Flengere, nohm Rhing on noh Ratenge, äver wat wor met de Berjer Stroß? Dat hät met demm Herzochtum Berch ja nix ze donn, do hät et fröher vör de Stadt ne Buurehoff »op demm Berje« jejäwe, donoh hadden se de »Berjer Pohz« jenannt.

De »Möhlestroß« loch fröher tirek aan de Düssel, die wo hütt onger demm Jerecht verschwonde es. On aan de Düssel wor am Möhleplatz, dat es hütt dä Jrabbeplatz, wo dä Habakuk för de Konshall steht, en Wassermöhl. Die hadden äver nix met de Wengkmöhl ze donn, die wo tirek näwer de »Ratenger Pohz« op de Muur jestange hät. Noh die Möhl es dat »Möhlejäßke« jenannt, wat von de Ratenger Stroß noh de Konsakademie löpt.

Jeht mr e Stöckske de Ratenger Stroß nohm Rhing eronger bes aan de Kreuzherrenkerch, kütt mr aan de »Leeferjaß«. Dat es een von de ältste Stroße us demm alde Düsseldorf. Am Eng von die Stroß steht noch hütt aan de Düssel dat Leewenhuus, wat mr janz leicht erkenne kann. Mr bruch bloß noh owe ze kicke, denn süht mr op demm Jiebel von dat Huus de Joh-reszahl 1288 aanjeschreewe; domols es Düsseldorf Stadt jewohde. Dodren soß dä Kellner, dat wor demm Jrof sinne Verdräder en Düsseldorf, bei demm moßte die alde Düssel-dorwer ehr Stüer afleefere. Weßt ehr jetz, woröm die Stroß »Leeferjaß« heeße deht?

Dovon, dat sech Düsseldorf wie en dörchjeschneddene Ölk opjebaut hät, nämmesch eene Reng aan dä angere, verzällt ons de »Wallstroß«. Hee wor vör lange Ziet de Stadt am Eng. Öm fremde Lütt us de Stadt eruszehalde, die wo mr nit han wollt, jof et öm de Stadt eröm en Muur, wo mr och Wall för jesaht hät. On en de »Kasernestroß« hät dä beröhmde Kurförst Jan Wellem de eeschte rechteje Kasern baue losse, domet die Soldate, wo alle naslang noh Düsseldorf kome, nimmih bei de Lütt en et Lojie moßte.

Von de Kasernestroß es et nit wiet noh de »Poststroß«. Op de janze Stroß kammer ne Hoope fenge, bloß kin Post. En Post, wie mr se hütt kenne, es do och noch nie jewäse. Dä Name stammt us die Ziet, wo et noch kin Ieserbahn on kinne Auto jof, on de Lütt noch met de Postkutsch jefahre send. Do hadden hee aan die Stroß de Famellech Maurenbrecher de Poststazjon, wo de Pähds on de Postwarens enjestellt wohde.

Es mr lans de Maxkerch, kütt mr aan de »Hawestroß«. Bald weeß mr wedder, woröm die so heeße deht. Do send se nämmesch dobei, dä alde Düsseldorwer Hawe, dä wo eweje Ziede hee jewäse es, wedder opzebaue. Do kammer denn fein am Wasser setze on dröwer nohdenke, woher die angere Stroße en de Aldestadt ehr Namens hant. Op die Aht on Wies lößt sech noch ne Hoope öwer dat alde Düsseldorf eruskreeje.

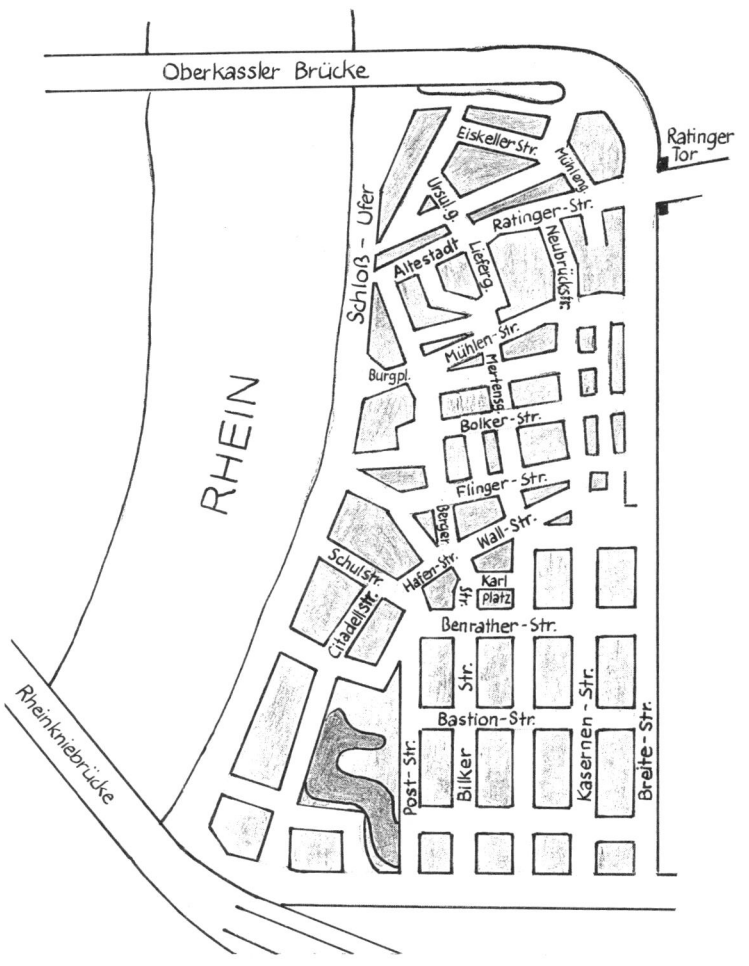

Oberkassler Brücke

Ratinger Tor

Schloß – Ufer

Eiskeller-Str.

Mühleng.

Ursul.g.

Lieferg.

Ratinger-Str.

Altestadt

Neubrückstr.

RHEIN

Burgpl.

Mühlen-Str.

Mertensg.

Bolker-Str.

Flinger-Str.

Berger

Wall-Str.

Schulstr.

Hafen-Str.

Str.

Karl platz

Citadell-Str.

Benrather-Str.

Str.

Kasernen-Str.

Breite-Str.

Rheinkniebrücke

Post-Str.

Bilker

Bastion-Str.

In den beiden vorangegangenen Geschichten hast du einige der ältesten Straßen in Düsseldorf kennengelernt! - Zumindest weißt du, wie die Straßen in Düsseldorfer Mundart heißen. Findest du sie in dem abgebildeten Stadtplan (Seite 21) wieder? Dann schreibe die Straßennamen in Hochdeutsch und in Mundart nebeneinander auf!

Die Namen der Straßen erzählten dem Fremden auch immer etwas Wichtiges darüber, wie er zum Beispiel die Richtung oder einen bestimmten Ort besser finden konnte.

Auch die Häuser im alten Düsseldorf hatten Namen. Am Ende der Liefergasse, Ecke Lambertusstraße, steht ein Haus aus dem Jahr 1288. Warum nannte man es früher das »Leewenhus«? Könnte der Name des Hauses auch eine andere Bedeutung haben als diejenige, die in der Mundart-Geschichte erwähnt wird? Schau dir das Wappen am Haus genau an!

In der Rheinstraße, da wo heute der alte Schutzhafen neu entsteht, hießen einige Häuser so: »Zu den drei Häringen«, »Zum goldenen Salm«, »Zum großen Stockfisch«. Was erzählen dir diese Namen, wenn du an das alte Dorf an der Düssel denkst?

Dat Lädche von de ahl Frau Euen

Hans Seyppel

Die Euens hadden als öm de Medde von dat vörje Johrhondert op de Bolkerstroß ne Lade, en demm se alles verkoofden, wat läwensnotwendech wor. Et wor sojet Ähnleches wies ne »Tante-Emma-Lade«, bloß hät mr en de domoleje Ziet för so Jeschäft »Winkelslade« jesaht, on dä Besetzer wor ne »Winkelierer«. Späder wohd us sonne Lade e »Colonialwarejeschäft«, weil se em Kaiserreich e paa Kolonie en Afrika hadden. Als äwer de Kolonie all onafhängech wohde, föhlden die sech dörch so Namens ärch om Stähz jetrode. Dröm send us die »Colonialwarejeschäfte« janz höösch Läwensmeddelläde jewohde.

Dat Schöne aan die Winkelsläde wor, dat mr do alles koofe konnt, wat de Lütt för ze läwe nöhdech hadden. Et jof Botter, Eier, Speck, Essich, Röböl, Brot, Ähdähpel, Krüder on Jewöhze, Mostert, Seef on Huusmannswohsch, Äppel, Biere, Kruut, Boxeknöpp, Strömp on Boxedräjer, Muckefuck, Melk on Petroleum.

Dat Petroleum bruchten de Lütt, för de Petroleumslampe aanzemake, wo die et Owens Lecht met jemaht hant. Die ahl Frau Euen hadden e Petroleumsfaß em Lädche stonn, wo en Pomp met bletzblanke Messengknöpp dran wor. Met die Pomp wohd dat Petroleum en sonne jeeichde Messengzylender jepompt, wo e klee Kränche dran wor. De Kunde kome met en Petroleumskann en dä Lade. De Frau Euen heelt die Kann onger dat kleene Kränche on leeß dat Petroleum en die Kann erenloope, wobei et ärch jestonke hät.

Henger de Thek wor en rieseje Wangk met Schublädches opjebaut. En die Schubkäste wor jot sohteeht all dat opjehowe, wat die Lütt sons noch jekooft hant. Op so kleene Scheldches aan die Schublade konnt mr läse, wat dren wor: Ähze, Bohne, Linse, Jraupe, Sajo, Ries, Mähl, Zucker, Salz, Peffer, Jriesmähl, Hawerflocke, Jrönkern för de Zupp, Karlsbader Kaffeextrakt, Hoffmanns Riesstärk, Bleichsoda, Persil, Tee, Ingwer, Zimt,

Muskat, Kümmel, Klömpkes, Kakao on sons noch ne janze Pöngel Züch.

En en Eck stunge noch e paa decke Fässer on Tonne, wo näwer demm Petroleum och noch Hering, Schmeerseef, Möhrekruut, Botter on wat noch alles dren wor, manchmo soja en ärch stenkeje Weechkieszoht. Nit ze verjesse die jroße Ähpelskest, us der de Frau Euen die Ähpel en en Mang kullere leeß, wobei se aan die Kest e klee Dürke hochtrecke moßt.

Dat janze Züch en so Lädche wor för sech am rüsche, die Ähdähpel noh Ähd, dat Petroleum, dä Mainzer Kies, dä Romadur, dat söße Kruut, dat jof ne Rüsch, wo mr ja nit beschriewe kann, dä äwer tüppech wor för so klee »Winkelslädche«. On wat dat Schöne dran wor, die Lütt konnt dat behaups nit störe!

Viele solcher kleinen Läden, wie den von Frau Euen, gab es früher auf der Bolkerstraße. Für die Kaufleute lag diese Straße besonders günstig. Sie blieb vom Verkehr der Pferdewagen verschont, weil sie zu keinem der Stadttore führte. Die Kaufleute hatten deshalb vor ihrem Laden genügend Platz, um alles auszustellen, was sie verkaufen wollten.

In der Mertensgasse, einer Seitenstraße der Bolkerstraße, findest du noch heute einen ähnlichen Laden, wie den von der »ahl Frau Euen«. Es lohnt sich, in diesem Laden einmal die vielen Gewürze zu schnuppern. Was wird dort Typisches für Düsseldorf verkauft?

...übrigens: Mit welchen Münzen bezahlten eigentlich unsere Vorfahren im alten Düsseldorf? Eine umfangreiche Münzensammlung und viele andere Dinge aus dem früheren Alltag gibt es im Stadtmuseum zu sehen (Berger Allee 2 – Öffnungszeiten: Di., Do., Fr., Sa. 14.00-18.00 Uhr, Mi. 14.00-20.00 Uhr, So., 11.00-18.00 Uhr).

DE KÖNECHSALLEE

Heinz Jürgens

Wer noch nie in Düsseldorf war und die Stadt deshalb selbst nicht kennt, weiß aber mit ziemlicher Sicherheit: »Das ist doch die Stadt mit der KÖ!« Die Straße ist so schön, daß sogar Menschen in anderen Ländern von ihr wissen. Kannst du dir Düsseldorf ohne seine Königsallee vorstellen? Wer weiß heute noch, wie die KÖ entstand und wie sie zu ihrem Namen kam?

En Düsseldorf hant johrhondertelang Jrofe, Herzöje on Kurförste jeläft on rejeeht. On et es jo noch hütt nix Onjewöhnleches, dat fiese Lütt so Mensche aan et Läder wolle. Dat wor domols nit vell angers als wies hütt. Dröm hant die sech jet enfalle losse mösse, för sech ze schötze. Doför wor en die eeschte Johrhonderte en decke Muur öm de Stadt eröm jenoch. Bloß hät die nimmih vell jeholpe, wies mr de Kanone erfonge hadden; von son Kanonekurel es son Stadtmuur tirek ömjefalle. Domet dat nit so flott jeng, hant die vör die Muure Dreckhoope aanjeschött on dovör noch deewe Löcher usjehowe. För dat Janze noch stärker ze make, kom dovör noch en Muur met ne Wasserjrabe.

Op die Aht on Wies es ons Vatterstadt en jroße Festong jewohde. Bloß am Rhing konnt mr so Aanlare nit baue, weil mr sojet jo schleiht op et Wasser baue kann. Dat hadden de Feinde bald Spetz jekrett on hant von de Owerkasseler Sitt met Kanone öwer dr Rhing noh Düsseldorf erenjeschosse, bes dat de Düsseldorwer opjäwe moßte.
Als am Aanfang von dat vörje Johrhondert de Franzose op die Aht Düsseldorf enjenomme hadden, hät die Sach met die Festong e Eng jenomme: Domet mr en Zokonft met Düsseldorf nimmih son Maläste han sollt, hät dä Jeneral von de Franzose befohle, de janze Düsseldorwer Befestijonge en de Loft ze sprenge. Dobei send äwer bloß de Muure kapottjejange, de Jräbens met dat Wasser send jebleewe. E paa von de alde Düsseldorwer wollten dat all zoschödde, weil se froh wore, us die enge alde Stadt eruszekome on do baue ze könne.

Angere Lütt hadden äwer en bessere Idee: Nit alles zoschödde, alles so losse on aan beide Sidde von dä Jrabe en schöne briede Stroß aanzeläje. Jottseidank hant die sech dörchjesetzt. Die Stroße wohde jebaut, on an beide Stroßesidde hät mr Kasteijebööm jepoßt. Dat soh so jot us, dat mr de Jrondstöcke för düer Jeld verkoofe konnt. Äwer kammer sech hütt noch vörstelle, dat op die een Sitt von die Stroß och Fabreke jebaut wohde send? Bloß weil dat Wohne op die Stroß met die Kasteije on dat Wasser so schön wor, hät mr de Fabreke all wedder afjeresse. Äwer och öm die Ziet hät noch kinne de »KÖ« jekannt, weil die Stroß Kasteijeallee jenannt wohd.

Eenes Dares kom dä preußesche Könech Friedrich Wilhelm IV. noh Düsseldorf on doht met sin offene Kutsch öwer de Kasteijeallee fahre. No moß mr dobei sare, dat dä Könech vörher de Düsseldorwer ärch jeärjert hadden, on die met demm fies knatschech wore. Als wies Majestät en sin Kutsch öwer de Stroß jefahre es, hant die Lütt demm statt Blome Pähdsköttel en dä Ware jeschmesse. Do wor dä Könech so ürech, dat hä von de Düsseldorwer nix mih wesse wollt, on dat hät denne och nit jefalle. Dröm hant die e paa Lütt noh Berlin jescheckt, wo dä Könech en si Schloß jewohnt hät. Die hant för demm jesaht: »Leewe Könech, bes wedder jot met ons, mr donnt och ons schönste Stroß, die Kasteijeallee, en Könechsallee ömduufe.« On dröm heeßt die Stroß hütt noch Könechsallee, och wemmer längs kinne Könech mih hant.

Die Königsallee oder »KÖ« ist eine weltbekannte Straße. Versuche, dir dein eigenes Bild von ihr zu machen... und zwar mit dem Fotoapparat: Die großen Gebäude der Banken, die kleinen Brücken, die Standbilder und Denkmäler, die Brunnen und Wasserspiele, die Luxusgeschäfte und Prunkpassagen, der Wassergraben mit den Schwänen, die Menschen in den Cafes und auf der Straße... was beeindruckt *dich* am meisten?

DÄ NAPOLEONSBERCH

Heinz Jürgens

Fröher, als wies et bei ons em Wenter noch ne Hoope Schnee jejäwe hät, send die Kenger us de Aldestadt met ehre Schledde nohm »Napoleonsberch« em Hoffjahde jetrocke, för do erongerzejöcke. Dat wor nämmesch wiet on briet dä enzeje kleene Berch, wo so jet möjelech wor. On do hant die och nit donoh jefrocht, woröm do dä Berch jewäse es, Haupsach wor, mr konnt prima Schledde fahre! Dä Name von dä Napoleon hät denne och nit vell jesaht, wenn et hoch kom, kannte die dä vielleich vom Seilchessprenge, dobei hant die nämmesch jesonge: »Dä Könech von Rom, Napoleon sinne Sohn, dä wor vell ze klein, öm Könech ze sein.« No fröcht mr sech jo, wat hät dä kleene Berch em Hoffjahde denn met demm Kaiser Napoleon, dä jo us Frankreich wor, ze donn?

Zoeesch moß mr ens sare, dat dä Napoleonsberch ja kinne rechteje Berch es, dä hät et fröher aan die Stell behaups nit jejowe. Dat es bloß Sangk on Kies, wo se do am Aanfang von dat letzte Johrhondert opjeschött hant, on jetz semmer bei demm Kaiser Napoleon, dä em Johr 1811 en Düsseldorf jewäse es.

Dä Napoleon wor domols nämmesch nit bloß von Frankreich Kaiser, sonders och onsere Kaiser, weil mr öm die Ziet bei Frankreich jehöht hant. Bevör dä Napoleon noh Düsseldorf kom, hadden sech e paa Lütt öwerlächt, för die Rhingscheffkes ne Hawe ze baue, wo die bei Hochwasser renfahre sollte.

Bloß wie dat so es, mr hät ki Jeld doför jehatt, dröm es et och beim Öwerläje jebleewe. Dä Napoleon, dä zwar kleen, äver nit om Kopp jefalle wor, hät tirek metjekritt, dat do wat jedonn wähde moßt. Dä hät bloß jesaht, en Düsseldorf wöhd ne Hawe jebaut, on schon hät dat Deng jefluppt. Do, wo mr hütt op de Owerkasseler Bröck kütt, tirek näwer de Konsakademie, hant se aanjefange, e jroß Loch uszehäwe. No hatt mr dat Problem, wo mr dr janze Dreck losse sollt. Do wo hütt dä Napoleonsberch es, wor ne Hoope Platz on dröm hätt mr dat Züch dohenjekippt. Ohne dä Kaiser Napoleon hätte mr dä Berch nie jekritt, dröm hät mr us Dankbarkeet on demm ze Ehr dä Berch äwe Napoleonsberch jedööft.

Sollt jetz ne Schlauberjer op die Idee kome aanzenähme, die Jeschecht wör jekohlt, weil et aan die Stell ja kinne Hawe jöft, mösse mr demm op de Spröng helfe. Als wies mr en Düsseldorf die eeschte feste Rhingbröck jebaut hätt, wohd lang öwerlächt, wo doför de beste Stell wör. On die wor akkerat do, wo dä alde Hawe jeläje hät. Dröm wohd dä wedder zojeschött, on mr kann em sech bloß noch op e paa alde Beldches bekicke.

E Jlöck för de Düsseldorwer Kenger wor, dat mr jenoch angere Dreck för zozeschödde hadden, on dä Berch do jebleewe es. Sons könnte die ärm Pute, wenn et mo wedder Schnee jöft, do nimmih erafjöcke, on dat wör doch ärch schad - odder nit?

DE WISSE FRAU EM SCHLOßTORM

Heinz Jürgens

Wer hat eigentlich schon einmal darüber nachgedacht, warum der große Platz am Rhein in Düsseldorf »Burgplatz« heißt, obwohl von einer Burg weit und breit nichts zu sehen ist? Aber halt! Da steht doch der »alte Schloßturm«, ob da wohl ein Zusammenhang besteht? Wie kommt der alte Turm ausgerechnet auf diesen Platz? Wo ist denn das Schloß, zu dem er einmal gehört hat? Ja, wenn der alte Turm erzählen könnte, was der alles erlebt hat! Dann würde er uns von schönen Frauen und vornehmen Herren berichten, die im Laufe der Jahrhunderte dort lebten; von Grafen und Herzögen, von Kurfürsten und Königen, von Bischöfen und Kardinälen, die alle einmal den Fuß über seine Schwelle setzten. Aber der Turm behält seine Geheimnisse für sich, deshalb müssen wir in alten Büchern nachlesen, was über das Schloß und seine Bewohner noch zu finden ist.

Am Burgplatz en Düsseldorf, tirek am Rhing, steht hütt noch dä alde Schloßtorm, dä letzte Rest von dat staatze Schloß, wo dä Kurförst Jan Wellem jeläft hät. Wenn die alde Muure verzälle könnte, wat sech do all afjespellt hät, so manche mößt sech hütt noch em Jrab erömdriehe. Äwer wenn och die Steen nix sare könne, weeß mr doch e beßke von demm, wat do all jewäse es. On so manche alde Düsseldorwer löpt en Schuur dr Rögge eraf, wenn hä do lans jeht. Denne fällt nämmesch die Jeschecht von dat Jakobe von Baden en. Dat ärm Fräuke es en demm Torm op jeheimnesvolle Aht ze Dod jekome, on kinne weeß bes hütt janz jenau, wie dat jewäse es. On et jöft ne Hoope Lütt, wo sech secher send, dat mr manchmo öm Meddernacht en Jestalt am Fenster senn kann, die wo en e lang wiß Kleed dörch dat alde Jemüür am schwebe on op eemo fott es, on kinne hät bes jetz jesenn, wo se afblift.

Et wor em Johr 1585, als dat Jakobe hee en Düsseldorf dä Herzoch Johann Wilhelm jehierot hät. Dä hät däselwe Name wies onsere Jan Wellem, hät met demm äwer ja nix ze donn.

Die Hochziet es domols e janz jroß Fest jewäse. Lütt von noh on wiet send noh Düsseldorf jekome, för dobei ze sin. Dat wor so wechtech, als wenn hütt de Könejen von England hierode deht. En de Stadt wor rechtech jet loß, öwerall hant Ritter met ehr Pähds de Lütt vörjemaht, wat se all konnte. Könsler wore jekome, för de Lütt ze ongerhalde, on e paa Mond jof et en Düsseldorf bloß dä eene Verzäll von demm Jakobe sin Hochziet. Do dat jonge Fräuke och ärch nett för de Düsseldorwer Börjer jewäse es, hadden die aan demm ne Aap jefresse, wat se demm och jezeicht hant, so dat sech dat Jakobe hee wie ze Huus jeföhlt hät.

Bloß es et schon bald en ärje Nöt jekome, weil dä Johann Wilhelm em Kopp nit rechtech wor. Noh demm Dod von si Vatter, dat wor dä Herzoch Wilhelm, wo mr späder dä »Reiche« för jesaht hät, kom dä dröm met dat Rejeehre nit klor. Dat Jakobe hädden em jähn jeholpe, äwer demm Johann Wilhelm sin Schwester, dat Sybille, hät do fies jet jäje jehatt. Us demm Jrond hät die alle Lütt wiesjemaht, dat Jakobe wör en Hex. Zoeesch wollt dat kinne jlöwe, äwer dat Bill hät sech so lang am beiere jehalde, bes och die, wo jet ze sare hadden, öwerzeucht dovon wore on dat Jakobe enjesperrt hant. De Börjer wore sech janz secher, dat mr demm Jakobe ärch Onrecht doht, äwer dat laut ze sare, hät sech och kinne jetraut, wer wollt schon selfs em Kaschott?

On jrad, als verzällt wohd, et Jakobe köm wedder erus, weil se demm nix nohwiese könnte, jing am fröhe Morje vom dredde September 1597 de Nohrecht dörch Düsseldorf, dat dat Jakobe em alde Schloßturm, wo se die Frau enjeloch hadden, jestorwe wör. Aan de Dör von dat Schloß hant se ne Breef erusjehängt, wo drenstung, dat dat ärm Jakobe en de Nacht dr Schlach jetroffe hädden. Selfs die, wo dä Breef erusjehängt hadden, hant do nit dran jlöwe könne, son jonge Frau on dr Schlach treffe, dat konnt mr de Katz verzälle! Henger de Häng jeng et von Mull ze Mull: »Demm Jakobe hant se dr Hals zojehalde, bes et dod wor!« On nohdemm kohz donoh die eeschte Lütt die dode Frau en de Nacht owe am Fenster stonn sohe, wor mr sech janz secher. Dat woßt doch jedes Kengk, dat Lütt, die mr ömjebracht hät, em Dod kin Roh fenge on öm Meddernacht als Jeist erömspuke. On dat dä Jeist dat Jakobe

wor, konnt mr dodran erkenne, dat dat am Hals rode Striefe
von de Wörjerei hadden. E paa Lütt hant soja jesaht, se hädden
jenau jesenn, wie dat Jakobe mem Kopp ongerm Ärm erömje-
loope wör. On die, wo janz noh aan dä Torm eranjejange wore,
hant em soja leis kühme jehöht.

Wenn et janz stell es, on dr Wengk vom Rhing her öm die
alde Muure blöst, wöhd mr dat Jeföhl nit loß, noch hütt dat
Klareleed von demm ärme Fraumensch ze höre.

Vor dem Eingang zum Schloßturm liegt eine Bronzeplatte.
Welche berühmte Düsseldorferin ist hier zu sehen? Aus den
Inschriften auf der Platte erfährst du auch etwas über das
Düsseldorfer Schloß. Seit wann gab es an dieser Stelle ein
Schloß oder eine Burg? Warum ist das Schloß heute ver-
schwunden?

In der Nachbarschaft des Turmes steht ein Brunnen. Das ist
ein Denkmal für »berühmte« Düsseldorfer. Weißt du, wer
gemeint ist? Wenn nicht, lies den Satz, der am Brunnenrand
zu finden ist!

DÄ SCHEEWE TORM VON ST. LAMBÄTES

Heinz Jürgens

Seit ewigen Zeiten steht in Düsseldorf der schiefe Turm von St.- Lambertus. Das war früher das höchste Bauwerk der Stadt und grüßte den Reisenden schon von weitem. Eigentlich ist der Turm gar nicht schief, sondern nur die Turmspitze, die den Turm krönt.

Viele Geschichten gibt es darüber, warum die Turmspitze so schief ist. Die eine weiß zu berichten, man hätte ihn mit Absicht so schief gebaut, damit der Wind, der ständig vom Rhein herüberweht, dem Turm nicht so viel anhaben könnte. Andere erzählen von dem großen Brand, bei dem sich das Holz durch die Hitze so verbogen habe, daß der vorher gerade Turm danach ganz schief geworden war.

Et wor am 11. Janewar 1815 medde em Wenter, als wies op eemo ne Bletz on ne ärje Donnerschlach de Lütt en de Jleeder jefahre send. On tirek donoh höht mr et schon laut roope: »Et es am brenne, et es am brenne!« Do et öm de Meddachsziet wor on de miestе Lütt beim Esse soße, sen die us de Hüüser jeloope för ze kicke, wo et am brenne wor. Mr soh schon von wiet, wat loß wor. Dä Bletz wor en dä Torm von de »Jrote Kerk« enjeschlare, dä schon lechterloh brannten. De Jlocke wore Storm am lüüde. Bloß, wat sollt mr donn, dä Torm wor so hoch, do paßten kin Ledder, on de Füerwehr jof et noch nit. »Wat sommer bloß make, wat sommer bloß make?« dohde se jammere, »wenn dä Torm ömfällt, es de janze Stadt am brenne!« E paa schleppten als en Kanon aan, för dä Torm ömzescheeße, äwer wat hädden dat jenötzt? En de Zwescheziet wor dat Füer emmer noch doller jewohde. En demm Torm jof et sovell Strüh, Holz on Teer, dat ja ki Denke dran wor, dat dat Füer von selfs usjonn döht.

Als wie mr sech domet affenge wollt, dat nix mih ze make wör, nohm sech dä Wimmers Jupp e Hezz on es met sinne Zybelender om Kopp on en Axt on en Säch en dä Torm erenjeklömpt. Denn esse solang die Leddere hoch, bes dat hä aan demm Füer aankom. On en die Flamme on die Hetz hätte denn aanjefange, die Pöhl afzehaue. De Düsseldorwer stunge wie eene Mann öm de Kerk eröm on wore för dä Wimmer am bäde, dat hä ne Schotzengel han sollt, domet nix aan em dran köm. En die ärje Hetz es dat Blei, wat die Panne om Dach jehalde hät, jeschmolze on demm Wimmer op de Ärm on dr Kopp jedröppelt, wat ärch wieh jedonn hät. Äwer dä hät dörchjehalde, bes noh drei Stonde endlech dat janze Züch vom Torm eronger on dat Füer usjejange wor.

Als dä Jupp von de Ledder ronger kom, wore sin Ärm fies verbrannt on de feine Zybelenderhot hadden janz vell Löcher von demm heeße Blei jekritt. Die Lütt freuden sech, woßt doch jede jenau, ohne demm sinne Mot wör vielleich de janze Stadt afjebrannt. För em ze danke, kroch hä en joldene Tabaksdos jeschenkt, on noch lang wohd die Jeschecht von sin jode Tat verzällt. Sinne Zybelender steht seit die Ziet en de Schatzkammer von St.-Lambätes, domet sech de Lütt emmer dodran erennere, wat dä Wimmers Jupp för de Lambäteskerk on Düsseldorf jedonn hät.

Auch wenn das eine schöne Geschichte ist, in Wirklichkeit war es jedoch anders. Als der Turm abgebrannt war, konnten es die Düsseldorfer nicht erwarten, daß endlich wieder die Kirche im vertrauten Bild dastand. Drum ließ man den Zimmerleuten keine Zeit abzuwarten, bis das für den Turmbau vorgesehene Holz genügend ausgetrocknet war. So kam es, daß sich das Holz nach der Fertigstellung beim Trocknen verzog, und daher wurde die Turmspitze so schief. Zunächst hatte man sich sehr darüber geärgert, gewöhnte sich aber recht bald an diese außergewöhnliche Form, auf die man nicht mehr verzichten wollte. Darum wurde der Turm nach der Zerstörung im letzten Krieg auch genau so schief wieder aufgebaut.

Die Kirche trägt den Namen des Heiligen Lambertus. Wenn du durch die Hans-Müller-Schlösser-Gasse gehst, findest du dort einen Hinweis auf diesen Heiligen. Was erfährst du über ihn?

In der Geschichte über den Brand der Kirche wurde berichtet, wie der Schlossermeister Josef Wimmer die Kirche gerettet hat. In der Schatzkammer findest du noch einige Erinnerungsgegenstände an ihn. Welche sind das?

Mitten in der Kirche steht der Schrein des Düsseldorfer Stadtpatrons. Wie heißt er? Versuche herauszubekommen, welche Bedeutung er hatte!

Wenn du die Kirche verläßt, siehst du über dem Ausgang ein Bild, welches ein Stück aus unserer nächsten Geschichte »Dä Speelmann« darstellt. Lies die Geschichte und versuche herauszufinden, was das Bild zeigt!

Informationen über Besuchszeiten und Führungen bekommst du über das Pfarramt, Stiftsplatz 7, Telefon 13 23 26. Frage nach Herrn Richartz!

DÄ SPEELMANN

Klemens Klöckner
Überarbeitung von Heinz Jürgens

Wer die Lambertuskirche vom Stiftsplatz aus betritt und sich unmittelbar danach umdreht, bemerkt über dem Eingang ein großes Bild. Es gibt Leute, die glauben, daß der Maler die nachfolgende Geschichte darstellen wollte.

Et wor vör en lange Ziet ne Speelmann so ald on zedderech jewohde, dat kinne mih noh sin Violin danze wollt. Dröm es hä met de Beddeler öwer de Stroße jetrocke, öm do de Lütt sin Leedches vörzespeele. Äwer die send all aan em vörbeijeloope, weil kinne henjehöht hät, on all kin Ziet hadden. Die paa Pennenge, wo se em en dr Hot jeschmesse hant, wore vöre on henge nit jenoch, för wat ze esse ze koofe. Dä ärme Deuwel hät dröm ärch Honger liede mösse.

En sin Not woßte sech nimmih angers ze helpe, als wies en de Kerch de Motter Jottes si Leed ze klare. Wie hä vör die Statue all die Kähze on Blome soh, die de Lütt jeopfert hadden, hätte sech ärch scheneeht, weil sin Täsche leer wore. Do es em sin Violin enjefalle, on hä hät bei sech jedacht, dat sech de Jottesmotter bestemmt aan si Spell erfreue döht, och wenn et de Mensche nit höre wollte. Voll Mot hätte met Speele aanjefange. On wenn och die Hangk met dä Bore ärch am zeddere wor, so hätte doch met so vell Jeföhl jespellt, dat hä selfs so fröhlech wohd wie schon lang nimmih. On op eemo wor et em, als wenn dat Maria em met sin schöne Oore janz jnädech aankicke döht on op ehr Leppe e janz freundlech Lächele köm. Als hä fähdech wor, doht se eene von ehr joldene Schoh vom Foß en sinne Hot schmieße. Och wenn et em e beßke komesch vörkom, es hä voll Freud met demm Schoh noh ne Joldschmedd jejange, öm dä Schoh jäje Jeld enzetuusche.

Wies dä Joldschmedd dä zerlompte Kähl met demm joldene Schoh soh, kom demm dat ärch verdächtech vör, dröm hätte de Schendarme jerope. Die hant dä ärme Mann och tirek enjesperrt. Do kinne Rechter demm die Jeschecht von dä joldene Schoh jlöwe wollt, wohd hä als Spetzbow aanjesenn on am dredde Dach met ne Streck öm dr Hals us em Kaschott nohm Jalje jeföht.

Jede, dä mr op die Aht on Wies ze Dod jebracht hät, hatt noch ne letzte Wonsch frei. Als wie se demm Speelmann jefrocht hant, wat hä för ne Wonsch hädden, wollte noch eemo en de Kerch för de Motter Jottes speele. On wenn se em och ärch usjelacht hant, weil hä sech nit wie de mieste angere Kandidate jet Leckeres ze esse on ze drenke bestellt hät, send se met em noh de Kerch. Do stung hä no mem Streck öm dr Hals on hät janz versonke datselwe Stöck noch ens jespellt. On wedder hät em die leewe Frau jnädech zojelächelt. Als hä ophöhden, on dä letzte Ton verklonge wor, hät se och dä zwedde joldene Schoh vom Foß en dr Hot falle losse.

Do send all, die dobei wore, vör dat Wonder en de Knee jesonke on hant demm Speelmann voll Demut dä Streck wedder afjenomme. Von dä Dach aan hätte kin Not mih liede mösse. Et wor för all en Ehr, demm ne schöne Läwensowend ze make, on hä brucht si Läfdach nimmih dr Hot för ze beddele vom Kopp ze nähme.

DAT JESPENS EN DE KERCH

Heinz Engels
(nach Heinrich C. Ständer)

In dieser Geschichte belauschen wir ein Gespräch zwischen Frau Knäbbel und Frau Klompfoß. Beide wohnten vor vielen Jahrzehnten in der Altstadt, trafen sich morgens häufig beim Einkauf auf der Ratinger Straße und hielten dann ein kleines Schwätzchen über die neuesten Neuigkeiten aus der Nachbarschaft.

Hier geht es nun um ein ganz besonderes Ereignis, das sich in der Jesuitenkirche zugetragen haben soll - das ist die heutige St. Andreaskirche in der Andreasstraße.

»Jode Dach, Frau Knäbbel!«

»Dach, Frau Klompfoß, na wie jeht et üch?«

»Och, wie soll et schon jonn, et jeht.«

»No jo, dann jeht et jo, mr hät jo emmer jet ze krabbele.«

»No, ehr hat jot lache, alles jroße Kenger, bei üch send doch Desch on Stöhl am metverdeene. Wat soll ech denn sare met min sechs kleene Blare? On dobei moß ech noch met ahbidde jonn! No jo, mr hant jo allemole ons Päckske ze drare! Äwer saht ens, Frau Knäbbel, hat ehr och schon jehöht, op em Torm von de ›Jesewitter‹ solle Jespenster sin?!«

»Wat es dat, Jespenster, on denn noch en de Kerch?«

»Jo, minne Alde hät mech dat verzällt, dä hät et em ›Uerije‹ jehöht.«

»Sojet soll mr doch nit jlöwe, dat möht ech doch ens senn.«

»Jo, wesse möht ech dat och ens janz jähn, äwer e beßke bang ben ech doch. Weßt ehr, wenn ech als et owens am Schloßtorm lans jonn, donn ech mech emmer ömkicke, weil ech hatt bang ben, do owe wör dat Jakobe von Baden am eröm am spoke.«

»Och loßt dat ärme Mensch doch rohe, dat es doch schon bald dreihondert Johr dot, dat deht doch kinne mih jet.«

»Eja, dat stemmt jo woll, äwer bang ben ech doch. Weßt ehr denn nit, dat eene, demm se kapottjemaht hant, als Dode eesch dann sin eweje Roh fengt, wenn se dä Mörder jekritt hant? On von demm Jakobe weeß bes hütt kinne, wä et jedonn hät, dröm moß dat ärme Dier mem Kopp ongerm Ärm bes am ›Jöngste Dach‹ erömspoke.«

»No höht äwer op, on dot et nit öwerdriewe, mech wöhd et jo janz fleu em Buck.«

»Dat kann et och! Et es mech äwer janz ejal, ech well dat Jespens senn, hütt Owend jonn ech kicke!«

»Och wat, lommer doch tirek ens dohenjonn, et es jo nit wiet.«

»No jo, wenn ehr onbedengt wollt, Frau Knäbbel, äwer vell Ziet han ech nit, ech moß noch noh de Bolkerstroß enkoofe jonn.«

Gesagt, getan. Die beiden Frauen setzten sich von der Ratinger Straße, wo sie sich getroffen hatten, durch die Neubrückstraße in Richtung Jesuitenkirche, die heute Andreaskirche heißt, in Bewegung. Unterwegs unterhielten sie sich über allerlei Gespenstergeschichten, die sie irgendwann einmal um drei Ecken gehört hatten. Am Grabbeplatz suchten sie sich einen Standpunkt, von dem sie die Türme der Jesuitenkirche gut im Auge behalten konnten. Da ihnen die Zeit lang wurde, erzählten sie sich weiter Gruselgeschichten, so daß sie mehr und mehr an die Existenz von Gespenstern glaubten. Zwischendurch schauten sie immer mal wieder zu den Türmen, ob sich nicht etwas regte. Vorübergehende, durch die beiden Frauen aufmerksam geworden, blieben ebenfalls stehen und fragten sich kopfschüttelnd, was denn dort wohl so interessant sei.

Als die Turmuhr fünf schlug, fuhr die Frau Knäbbel entsetzt zusammen und rief laut: »Öm Joddeswelle, als fönf Uhr, jetz moß ech äwer jonn!«

Kaum hatte sie dies gerufen, da schlug eine Glocke mit einem ganz merkwürdigen Ton an, geradeso, als wenn jemand mit einem Stock dagegenschlüge. Dies wiederholte sich in unregelmäßigen Abständen. Die eben noch so eilige Frau Knäbbel blieb wie angewurzelt stehen.

»Wat wor dat? Paßt op Frau Knäbbel, jetz kütt jet. Jesses, Maria on Josef, kickt ens do owe!«

»Wat, wo?«

»Do bowe, op em Torm!«

»Ech kann nix senn.«

»Doch, no kickt ens doch jenau hen, do owe aan de Tormlatähn.«

»Och eja, wat es dat, do kammer jo Angs kreeje!«

Die Aufregung der Frauen übertrug sich auf die Umstehenden und alles rief durcheinander:

»Och! Enä! Eja! So jet, dat jöft et doch ja nit! No kann ech nimmih! No kickt üch dat ens aan, Jespenster en de Kerch, on dat am hellechte Nohmeddach!«

Es wurden immer mehr Menschen, die aufgeregt durcheinander redeten, und besonders einige Schüler verfolgten mit offenem Mund das Schauspiel.

»Do kütte als wedder! Menschenskengk, e Jespens! Dat es jo em Hemp! Wat hät dat denn om Kopp? Dat es jo en Kron! Ehr spennt, ehr dolle Jecke! Doch, kick doch jenau hen! Jo no leck mech doch en de Täsch, ehr hat reiht, wat soll dat bloß sin?«

Mittlerweile waren so viele Menschen zusammengeströmt, daß der ganze Friedrichplatz, wie der Grabbeplatz damals noch hieß, vollbesetzt war. Ein paar behelmte Schupos tauchten auf, um zu sehen, was den Volksauflauf verursacht hatte. Mit gestrenger Amtsmiene rief einer der Polizisten:

»Wat es denn hee loß? Wat soll dat bedüüde? Maht, dat ehr fottkommt!«

»Do owe op demm Torm send Jespenster!« reefe die Lütt.

»Domm Züch, et jöft kinn Jespenster, ehr hat woll eene ze vell jedronke.«

»Nä, Här Wachtmeester, mr send nit besoffe, kick ens noh owe!«

Der Schutzmann schaute nach oben und tatsächlich, hoch oben in der Turmlaterne war eine Gestalt zu erkennen, die einem Furcht einflößen konnte. Ein dunkelfarbiger Kopf und darunter ein weißes, weites Gewand, welches um die schreckliche Gestalt schlotterte, die aussah, als bestünde sie nur aus Haut und Knochen. Die Gestalt erhob sich drohend, schwenkte die Arme und verschwand.

Kurz darauf erschien eine zweite, diesmal aber ohne Kopf. Den meisten schnürte es vor Entsetzen die Kehle zu, nur einige Frauen stießen spitze Angstschreie aus. Als nun die Gestalt langsam die Hände hob, zwischen denen sie ihren Kopf hielt, war es um die Fassung der Leute geschehen. Selbst der hartgesottene Schupo verließ den Ort des Schreckens, um in der Wache Meldung über die ungeheuerlichen Vorgänge zu machen.

In der Zwischenzeit war auch in der Mühlen- und in der Hunsrückenstraße kein Durchkommen mehr. Wie ein Lauffeuer hatten sich die schrecklichen Erscheinungen in der Stadt rundgesprochen, die sich auf dem Turm der Kirche auch weiter fortsetzten, begleitet vom immer wieder aufbrausenden Geschrei der Menge.

Die Lage wurde so bedrohlich, daß sich die Polizei zum Handeln entschloß. Einige Mutige stiegen in den Turm, was zur Folge hatte, daß die »Geistererscheinungen« urplötzlich aufhörten, worauf sich die Menge zu zerstreuen begann. Nur einige Unentwegte harrten der Dinge, die da noch kommen sollten. Auf dem Platz herrschte eine gespannte, fast unheimliche Stille.

Plötzlich wurde sie durch ein Gepolter und Geschrei vom Turm unterbrochen. Kurz danach öffnete sich die Kirche, und heraus traten die Polizisten, die in ihrer Mitte zwei Jungen zwischen zwölf und vierzehn Jahren hatten. Beide trugen nur Hemd und Hose. Ihre Gesichter waren von Staub geschwärzt, und einer der beiden hatte noch eine Messingkrone auf seinem Kopf. Ein Polizist trug den Kopf einer Figur in der Hand. Gefolgt von der nun lachenden Menge, setzte sich der Zug in Richtung Polizeiwache in Bewegung.

Am anderen Tag fragte ein Düsseldorfer Bürger den Küster der Jesuitenkirche: »No, wat wor denn eijenslech met denne Jespenstererscheinonge?«

»Do bowe op em Söller, do wöhd jeahbit on do lieje en de Ecke so allerhand Hellijefijure eröm, die mr en de Kerch nimmih bruche. Do send die Öster von Meßdeenerjonges herjejange, hant e alt Lake öm sonne Kopp jeweggelt on Jespenster jespellt. Dä eeschte Dach hant die dat so höösch jemaht, dat ech nix jemerkt han. Äwer jestere, als wies ech fottjejange wor, hant die Beester de Jelejenheet jenotzt on hant do owe ehre Spöks jemaht. De Putze hant se do eronger jeholt on met noh de Wach jenomme«.

»Die ärm Jonges, ech hoff äwer, dat et nit eso schlemm för die wöhd. Op jede Fall hant die zwei Rabaue e fein Späßke jemaht, ech moß als lache, wenn ech bloß dodran denke donn. Hee, Här Küster Weihrauch, hadder zwei Jröschkes on jäft se denne Rotzeje, se solle sech dovon Sößholz on Balkes koofe!«

Ist dies nicht auch eine spannende Geschichte für eine Laien-spielgruppe? ...und schon ist ein Mundart-Theater gegründet!

...übrigens: Hinter dem Hauptaltar in der St. Andreas-Kirche steht ein Mausoleum. Findest du heraus, welcher bekannte Fürst dort beigesetzt ist?

Demm Jan Wellem si jolden Hezz

Heinz Jürgens

Ihr kennt sicher den Reiter auf dem Marktplatz, der dort das bunte Treiben beobachtet: das Denkmal für den Kurfürsten Johann Wilhelm, der im Volksmund bis heute liebevoll »Jan Wellem« genannt wird. Viele Geschichten ranken sich um den beliebten Fürsten. Die bekannteste handelt davon, wie dieses Denkmal entstand.

Vör demm Jan Wellem hät et en Düsseldorf als ne janze Pöngel von Jrofe on Herzöch jejowe, äver kinne von denne hant die Düsseldorwer so jähn jehatt, als wies dä Jan Wellem. Die Lütt wore jlöcklech, dat dä us demm kleene, verschlofene Düsseldorf en Residenzstadt jemaht hadden, on hä nit bloß för die Könsler on Hofflütt, sonders och för de Kooflütt on dä kleene Mann jesorcht hät. On dröm hant die allemole öwerlächt, wat könne mr donn, för demm Jan Wellem en Freud ze make. Als eene op die Idee kom, e Denkmol jeeße ze losse, wore se all janz us em Hüske, so jet Schönes, dat wör jenau dat Rechteje för onsere Kurförst. On domet dä och metkreeje sollt, wie jähn se em all hadden, wohd beschlosse, dä Joß noch zo sin Läfziede make ze losse, on nit eesch, wenn hä dot wör. Weil denne dat Best för demm jrad jot jenoch wor, hant die doför dä Meester Grupello usjesökt, dä wo öm die Ziet schon en janze Reih von prima Konswerke fähdechjestellt hadden, äver so jroß Denge wor och för demm jet Neues.

   Wat sech dä Grupello hät enfalle losse, jefeel de Düsseldorwer Börjer ärch jot. Se konnten et ja nit afwahde, dat hä met sin Ahbit endlech aanfange doht. Jede Dach send se kicke jejange, wie wiet hä wor. Endlech wor dä jroße Dach jekome. Bloß op eemo jroß Jedöns, jrad als wies dat heeße Züch en de Form renloope sollt, es demm Meester Grupello opjefalle, dat nit jenoch Ähz em Kessel wor. »Wat make mr jetz, wat make mr jetz?« jof hä sech aan et Jammere, »alles es verlore, alles es verlore!« De Lütt wore so verschreck, dat se wie jelähmt do erömstunge. Bloß dä kleene Köbes, demm Meester Grupello

sinne Lehrjong, hät sech e Hezz jefaßt. Ohne lang ze öwerläje
hätte aanjefange, bei die Lütt am Maht Metall enzesammele.
Jejowe hant die fas all jet, e paa soja joldene Renge vom Fenger
odder selwerne Kettches vom Hals. Dobei wor hä laut am
rope: »Loopt noh Huus on holt noch mih so Züch, brengt, wat
ehr drare könnt!« Dat leeße sech die Lütt nit zweimo sare, on
ohne noch lang nohzedenke, send se noh Huus jeloope, on
hant alles aanjeschleppt. Of dat Kesselches, Pöttches odder
Pännekes wore, alles wohd en die heeße Bröh jeschmesse, bloß
för jenoch Ähz för dat Denkmol ze kreeje. Of dat Züch us Jold
odder Selwer wor, donoh hät kinne jefrocht, för dä leewe Jan
Wellem wor denne nix ze schad. On op eemo reef eene von
denne, die wo dat janze Züch eranjeschafft hadden, jetz kritt
dat Denkmol e Hezz us Jold, on dat wör jot so, weil dä Jan
Wellem jo och so jot Hezz hädden. Äwer dä Jan Wellem kröch
nit bloß e jolden Hezz, sonders och e jolden Jesecht, on dröm
könnt hä op die Lütt, die wo aan de Mahtdare om Rothusplatz
köme, janz freundlech erafkicke.

On so kom et, dat dat Denkmol am Eng doch noch fähdech
jewohde es on sech noch hütt alle Düsseldorwer on die Lütt,
wo noh Düsseldorf op Besök kome, dodran freue könne.

Beim Lesen der Geschichte warst du sicher erstaunt über die Großzügigkeit und Bereitwilligkeit der Düsseldorfer Bürger, für den Guß des Reiterstandbildes von Jan Wellem kostbares Edelmetall zu stiften. Das hatte seinen Grund darin, daß Jan Wellem für seine Stadt und ihre Bürger viel getan hatte, zum Beispiel: Aus morastigen Wegen wurden gepflasterte Straßen; die bis dahin nachts stockdunkle Stadt erhielt über 300 Straßenlaternen, mehr als Paris damals hatte; er holte aus vielen Ländern zahlreiche Künstler in die Stadt, die aus Düsseldorf eine der bedeutendsten Kunstmetropolen Europas machten.

Stolz waren die Düsseldorfer auch deshalb auf ihn, weil er als einziger Fürst in Düsseldorf geboren und aufgewachsen war. Das ist auch der Grund, warum er von den Leuten in der damaligen Umgangssprache - unserem Düsseldorfer Platt - nur »Jan Wellem«, anstelle von Johann Wilhelm, genannt wurde.

...übrigens: Da der fertige Guß des Reiterstandbildes ein solches Meisterstück geworden war und dem Meister Grupello sehr schnell klar wurde, wem er den gelungenen Guß zu verdanken hatte, schuf er für den Lehrjungen auch noch ein Bronzedenkmal. Schau dich auf dem Marktplatz vor dem Rathaus genau um, ob du den Gießerjungen auch dort entdeckst!

Die nächste Geschichte erzählt dir noch mehr über Jan Wellem...

SPECK ON ÄHZE

Heinz Engels

Besonders jähn doht dä Jan Wellem op de Jachd jonn. Wenn hä met sin Jetreue op flenke Pähds dörch de Wälder jeredde es on et Weld verfolcht hät, wor hä janz en sinnem Element, dä Klang von de Jachdhörner wor för em de schönste Musik.

Eemo, et wor ne kalde Herbsdach, hat mr am Morje ne stolze Hersch jejacht, dä mr äver nit kreeje konnt, weil dä plötzlech fott wor. Dä Kurförst hadden en sinnem Jachdeifer behaups nimmih op die angere jeacht on woßt am Eng nit, wo hä wor. Stondelang es hä dörch dä Bensberjer Forst jeerrt. Manchmo moßte soja afsteije on dat Pähd henger sech hertrecke. Bald wohd et schon Nohmeddach, on demm Jan Wellem dohden alle Knoche wieh, son Plackerei wor dä hohe Här nit jewönnt. On do wor noch e anger, janz neu Jeföhl, wat hä bei sech em Schloß noch nit kennejeliert hadden: Honger! Sinne Mare, dä emmer op et best versorcht wohd, feng aan ze knurre on ze rumore. Doch et konnt all nix helfe, dä jode Jan Wellem moßt wieder, berchop on berchaf, dörch düstere Wald on stachelije Bösch. Endlech, et feng jrad aan, düster ze wähde, kom hä aan ne Buurehoff. Do hät dä hohe Här, dä met sin zeddereje Knie koom noch op de Been stonn konnt, aanjekloppt on öm wat ze esse jefrocht. Die Buurefrau leeß dä Fremde eren on hät em ne Stohl am Desch aanjebode. Weil dä Kurförst sech nit ze erkenne jejowe hät, jlöften die Frau, dat wör ne einfache Jäjer.

Om Owe hat se jrad ne Pott met Speck on Ähze stonn, dovon doht se ehre Jast flöck en Komp voll jäwe. Dä hät sech dat onjewonnde Züch eesch e beßke komesch bekickt, denn hät em dr Honger äver doch alles bes op dä letzte Rest uslöffele losse. Dat Stöckske Hawerbrot, wat om Desch loch, hätte och noch ratzekahl verpotzt, on et hät em noch niemols jet so jot jeschmeckt wie hee Speck on Ähze.

Die Nacht hätte noch en die Hött jeschlofe on es eesch am nächste Morje en si Schloß noh Düsseldorf zeröckjeredde. Do hadden dä Koch als e förstlech Esse pratjemaht, doch demm

Jan Wellem wollt et einfach nit schmecke. Hä hät bloß dat Jesecht vertrocke, als wies mr em all dat leckere Züch vörjesetzt hät. Do hätte för sinne Koch jesaht: »Jank, on mak mech Speck met Ähze, dat es dat leckerste Esse von de Welt!« Äwer sovell Möh die sech en de Köch och jejowe hant, och dat wollt demm Jan Wellem nit schmecke. »Nä,« hätte jesaht, »ehr makt jet verkeht, die Frau em Bensberjer Wald, die konnt dat vell leckerer koche, aan der mößt ehr üch e Beispell nähme!« Do hät dä Koch ne kurförstliche Pähdsware bei die Frau jescheckt on die noh Düsseldorf hole losse. Se sollt alles metbrenge, wat se för Speck on Ähze bruche döht, on se sollt om Joddeswelle et Hawerbrot nit verjesse. En de Köch vom Düsseldorwer Schloß hät sech dat Fräuke denn dranjejowe, Speck on Ähze so ze koche, wie se dat emmer schon jewönnt wor. Als äwer dä Jan Wellem dat vörjesetzt kroch, wor hä als wedder fies donäwer, denn och dismo hät em dat längs nit so jot jeschmeckt wie en dat kleene Hüske em Bensberjer Wald.

Do es em klor jewohde, dat aan demm Esse de janze Ziet een Zutat jefällt hät, die och dr beste Koch nit dobei donn konnt: dä Honger. Et bleef em nix angeres öwer, als wies festzestelle, dat dä Honger noh ne döchteje körperleje Brassel emmer noch dat beste Jewöhz för e rechtech lecker Esse es.

On so jöft et noch hütt em Berjesche Land ne Sproch, dä aan die Jeschecht erennere deht:

Wä sech dörch Ahbit nit deht schrecke,
demm wöht et wie Jan Wellem schmecke!

DE ALDE SCHEFFSBRÖCK

Heinz Jürgens

Wer kann sich heute eigentlich vorstellen, wenn er bequem mit der Straßenbahn über die Brücke nach Oberkassel fährt, daß es noch keine hundert Jahre her ist, daß Düsseldorf seine erste feste Rheinbrücke bekommen hat? Davor konnte der Rhein nur über die alte Schiffsbrücke überquert werden. Aus dieser Zeit gibt es einige spannende Geschichten zu erzählen.

Wemmer sech dä Name aanhöht, könnt mr jlöwe, dat wör en Bröck för Scheffe jewäse, so jet jöft et hütt jo noch. Äwer en Wohrheet wor dat en Bröck, wo mr en janze Reih von kleene Scheffkes näwerenangerjebonge hadden, on owe drop lore Bräder, do konnte de Lütt on de Pähds on de Warens dröwer loope odder fahre, för von die een Rhingsitt noh de angere ze kome. Äwer nit för ömsöns, do moßt mr ordentlech jet berappe, wobei et met ne Pähdsware düürer wor als wies ze Foß.

Dodörch, dat die Bröck tirek om Wasser loch, hät et oft Maläste jejowe. Jof et zevell Wasser, wohd die Bröck fottjefahre, domet se nit tirre jing. Emmer denn, wenn e Scheff kom, moßt die Bröck usjefahre wähde. Dä Bröckemeester on sin Kneihte hant denn die Bööttches us de Medde aan de Sitt jefahre. Op de Düsseldorwer Sitt stung dä alde Schmitze Tünn, dä moßt oppasse, dat en sonne Orebleck kinne mih op die Bröck dropjeng, dat wor nämmesch verbode. Do hant sech die Rabaue us de Aldestadt dä Spaß jemaht, demm Tünn för et Läppke ze halde. Die dohden eso, wie wenn se op de Bröck dropwollte. Jedes Mo es dä Tünn droperenjefalle on hät aanjefange ze donnerkeile:
»Ehr fiese, nixnotzeje Blare, maht üch bloß fott, krie ech üch am Schlawittche, jöft et e Föttche Aska!« Äwer jekritt hät hä die Penze si Läfdach nit, bevör dä noch »Papp« sare konnt, wore die Rotzeje zwesche die kleene Hüskes von de Zollstroß verschwonde.
Eemo, et wor em Fröhjohr 1876, do es et demm Bröckemeester ärch mulmech jewohde. Mr hadden ne rechtech schöne

51

Fröhsommerdach, on ne Hoope Lütt soß am Rhing on leeß dä leewe Jott ne jode Mann sin. En Owerkassel jof et öm die Ziet all die jroße Hüüser noch nit, on öwer die kleene Hüskes dodröwe konnt mr wiet en et Land kicke. On janz henge wiet - noch henger Heehdt - soh mr et plötzlech deefschwazz wähde. Ne ärje Wengk kom op on drifden die schwazze Wolke janz flöck eran. Dä Bröckemeester, dä sech met so Wäder jot uskannten, woßt jlich, wat de Jlock jeschlare hadden. »Alle Mann op de Bröck, on so schnell wie möjelech usfahre!« höht mr em brölle. Denn jing alles so schnell, dat mr dat ja nit so flöck verzälle kann. Die wore jrad en die Böötches aanjekome, do hät dä Wengk dat Wasser so hoch jedriewe, dat en riesije Well op de Bröck aanjeng, on bevör mr sech versoh, wore die Böötches usenangerjeresse on wohde von die Well hen- on herjeresse. Die mieste Lütt am Ufer wore so voll Ängs, dat die zoeesch ja nix sare konnte. E paa fenge laut aan ze bäde on dörch dä Krach von demm Wasser konnt mr die Kneihte op denne Scheffkes laut öm Help roofe höre. Jottseidank hant se sech am Eng all redde könne, äwer die Bröck wor en janze Ziet nit ze bruche. Die Lütt hant sech die Jeschecht noch lang verzällt, so jet kom schleeßlech nit alle Dare vör.

Trotzdemm hät et noch zwanzech Johr jeduurt, bes dat mr sowiet wor, en Düsseldorf en rechteje Bröck öwer dr Rhing ze baue. Och öwer die Bröck jöft et en ne Hoope Jeschechte ze verzälle, äwer dat hät jo nix met die alde Scheffsbröck ze donn.

Für Düsseldorfs Einwohner und den Wohlstand der Stadt wurde seit der Stadtgründung der Rhein immer wichtiger. Der Fluß war über viele Jahrhunderte der bedeutendste Handelsweg. - Möchtest du mehr über die Geschichte der alten Hafenstadt Düsseldorf erfahren? Das Schiffahrt-Museum im alten Schloßturm am Burgplatz (Öffnungszeiten: Fr., Sa. 14.00-18.00 Uhr, So. 11.00-18.00 Uhr) verschafft dir einen interessanten Einblick in den Alltag der Rheinschiffahrt, zum Beispiel: Bauweisen der Rheinschiffe (Modelle); Arbeitsgeräte und Arbeitsbedingungen der Binnenschiffer; Gefahren des Hochwassers und treibender Eisschollen; Entwicklung des Brückenbaus.

Was findest du im Schiffahrt-Museum über die »Fliegende Brücke« heraus, die Jan Wellem nach Düsseldorf holte? - Wer hat Spaß daran, ein Modell dieser »Brücke« nachzubauen, um ihre Funktionsweise zu erproben!

DE RHINGKADETTE

Heinz Jürgens

Denkt noch einmal an die vorige Geschichte von der »alten Schiffsbrücke«. Die Brücke führte vom alten Zolltor, das ungefähr dort stand, wo heute die Pegeluhr ist, über den Rhein. Oberkassel war damals noch ein verschlafenes Dorf, das nur durch einen Feldweg, der bis an den Rhein führte, mit Heerdt verbunden war. Und genau an der Stelle, wo heute einmal im Jahr die große Kirmes stattfindet, endete die Schiffsbrücke.

Die Bröck jof et seit die eeschte Hälft von dat vörje Johrhondert. Dat wor ne Hoope kleene Böötches, die wo mr zosammejebonge on owe dröwer Bräder jelächt hadden. Och wenn et e beßke waggelech jewäse es, hät die Sach prima fonkzeneeht. No weeß äwer och schon e klee Kengk, dat dr Rhing oft bloß wennech Wasser hät, on dat wor domols nit vell angers als wies hütt. Bei so Ziede loch die Bröck deef onge, on die ärm Pähds hadden aan die schwere Warens fies ze trecke. On dat wor die Schangs för de Rhingkadette. Rhingkadette wore Kähls, die kin feste Ahbit, äwer miest en Famillich met ne Hoope Kenger hadden, wo se Jeld för verdeene moßte. Dröm send die als Dachlöhner jejange on hant jeahbit, wo jet ze donn wor. Mr säht äwer och, dat die Bröder wat dojäje hadden, sech ze möhd ze make. Do kom denne die Scheffsbröck jrad rechtech.

So soße aan ne schöne Sommerdachsmorje dä Bätes, dä Jupp, dä Drickes on dä Döres op e Bänkske am Rhing on luurten noh Owerkassel, of do nit en Pähdskarr kom. Hütt jof et jet ze verdeene, dä Rhing hadden nämmesch so wennech Wasser, dat de Bröck so steil noh owe jing, dat ohne de Hülp von denne Kadette die schwere Karre bestemmt nit op de Düsseldorwer Sitt eropjekome wöre. Do die Deuerei von die Karre ärch aan de Maue jing, wor dä Schäng noh de »Canon« ongerwäjens, öm bei demm alde Manes, dat wor dä Weht von die Wehtschaft, e Fläschke Schabau ze hole. Dat wor för die Jonges dat beste Meddel för met die Anstrengonge fähdech ze

wähde. Se hadden sech jrad e Jläske jenähmecht, do reef dä
Bätes op eemo: »Jonges, jlich jet et loß! Dodröwe kütt dä Balzer
us Neerkassel, dä hät die Karr wedder so voll, dat schafft dat
Pähd em Läwe nit alleen!« »Loßt üch Ziet,« sahten dr Jupp,
»die mösse jo eesch noch die Bröck usfahre, bes dat dä Rader-
kaste dörch es.« Dat wor denne Kadette so rechtech noh de
Mötz, jenößlech hant se sech ehr Schabäuke schmecke losse on
zojekickt, wie en de Medde von de Bröck die Scheffkes
usjefahre wohde, on dä Raderkaste - so hant die Lütt oft för ne
Raddampfer jesaht - met sinne Hoope Schleppkähn, die met e
lang Seil aan dä Dampfer festjemaht wore, dodörch jekroche
es. Se wore bloß e beßke ürich, weil dr Wengk denne dä
schwazze Kwalm, dä wo us demm Kamin von dä Raderkaste
kom, en et Jesecht jeblose hät.

Als die äwer, nohdemm sech dä Kwalm vertrocke hadden,
op die angere Sitt noch e paa Karre mih stonn sohe, die öwer
de Bröck wollten, wore se wedder zefreede, jof et doch e paa
Kastemännches ze verdeene. On rechtech, als wies dä Balzer
medde op de Bröck wor, dohte denne Jonges schon wenke on
zorope: »Könnt ehr mech helpe, dat Pähd schafft dat nit
alleen.« Do send zwei von denne eronger op de Bröck on hant
sech en de Speiche von die Pähdskarr jehängt. Dä Balzer hät
met sin Fitsch dat Pähd aanjedreewe, on dobei hant dä Jupp
on dä Drickes met e laut »Hauruck, hauruck!« die Karr öwer
dat schräje Stöck eropjedeut. Nohdemm dä Balzer die usje-
zahlt hadden, wohd eesch en ordentleche Paus jemaht. Sonne
ärje Brassel, do moßt mr sech noh reste!

Nohdemm die angere Karre och noch eropjedeut wore, soß
dä janze Deuklub, so hant die Lütt och för de Rhingkadette
jesaht, zefreede wedder en de Sonn on wor op de nächste Karr
am wahde.

DAT HOCHZIETSJESCHENK

Chinesische Erzählung
in Mundart übertragen von Heinz Jürgens

Vör Johre sollt in e klee Dorf en Hochziet jefiert wähde. Die jonge Lütt hadden ki Jeld, doför äwer jroße Rosine em Kopp. Wenn schon jehierot wohd, moßt et och en Fier met ne jroße Hoope Jäst sin, noh demm Motto: »Jedeelde Freud es dobbelde Freud!«. Do kammer jo och ja nix jäje han, Freud es nämmesch dat, wat de Lütt am mieste fähle deht, on wo se am schleihtste drankome, bloß dat Leed kütt von janz alleen. Die Froch wor bloß, wie kömmer dat henkreeje, ohne de Pennenge doför ze han?

Jode Rot wor düer! Darelang hant se hen on her öwerlächt, bes op eemo eene von denne zwei en janz dolle Idee hadden! Se hant einfach op de Enladong dropjeschreewe, dat jede för ze fiere en Fläsch Wing metbrenge mößt. Tirek näwer de Dür sollt e Fäßke opjestellt wähde, wo alle Jäst ehre Wing renschödde könnte. Op die Aht on Wies könnt mr en janz dolle Fier make, on all döhde se von die Jabe von die angere jet metkreeje.

Dat hät all die Enjeladene jot jefalle, on kinne es ohne en Fläsch Wing jekome. Als all do wore, es dat Fäßke fas öwerjeloope, on se freuten sech all op e lecker Jläske Wing. Äwer wat wor dat? Als dä Kellner die eeschte Jläser usjeschenkt hät, hadden die Lütt all bloß Wasser dodren. Do krore se all ne rode Kopp, die hadden tirek jemerkt, wat loß wor. All hadden se däselwe Jedanke jehatt: »Die een Fläsch Wasser, die ech en dat Fäßke erenschött, kann kinne schmecke, on merke kann dat och kinne.« Jetz wore se opjeknetscht, all wollte se sech op Koste von die angere ne schöne Dach make. Se trauten sech ja nimmih, denne angere en de Oore ze kicke, so hant se sech jeschämt. On dat loch nit dodran, dat se op en Hochziet ohne Wing wore.

Mr konnt rechtech merke, wie denne ne Steen vom Hezz jefalle es, als öm Meddernacht de Musik enjepackt hät. Et hät zwar kinne wat jesaht, äwer jede hät för sech jewoßt: »Du bes enschold, dat dat Fest ki rechtech Fest jewohde es!«

DE BLÖTEMAKER VON KISCHWÄTH

Heinz Engels

Vör en ärch lange Ziet läfden en Kischwäth tirek am Rhing e janz ald Päärke. Dat wore leewe on jotmödije Lütt, äwer näweraan, do wohnden ne Kähl on e Weit, die wo ärch meßjönstech wore.

Eenes Dares hant sech die zwei Fraulütt am Rhing jetroffe, för de Wäsch ze make. Jrad als wies die zwei medde en ehre Brassel wore, hät die starke Strömong ne kleene wisse Hongk lans jedreewe, dä schon half versoffe wor. Die jode Frau reef janz opjerächt: »Oh Jott, dat ärme Dierke, mr mösse demm rette!« Äwer die fiese Nohbersche hät aanjefange ze schänge: »Ech denk behaups nit dodran, dat döht mech jrad noch fähle, so Beeß dörchzefödere!« Die jode Frau hät sech dörch dä Verzäll nit ophalde losse, es en dat Wasser eren, on hät dat ärme nasse Pöngelche Hongk do erusjetrocke.

Se hät em met noh Hus jenomme, demm Dierke jet ze fresse jejäwe, on hät met demm erömjeschmust, wie wenn et e Weggeldizke wör. So es dat Höngke flott jrößer jewohde. Eenes Dares kratzten dä em Jahde eröm on feng aan, laut ze belle. Dä Mann von die brawe Frau konnt die Höngkessproch verstonn. Dröm hätte metjekrett, dat dä Hongk emmer dran wor: »Hee mößt ehr jrawe, hee mößt ehr jrawe!« Hä woßt nit, wat dä Hongk wollt, hät sech äwer trotzdemm dranjejowe, met de Schöpp e Loch ze jrawe. Hä wor noch ja nit so deef, do hätte ne Pott met Jold- on Selwerstöckskes jefonge. »Donnerkiel!« reef hä laut on wor janz platt. No konnden sech die zwei koofe, wovon ze fröher bloß jedrüümt hadden. Se wore rondöm jlöckleche Lütt.

Äwer die kniepije on verbeesterte Menschelütt von näweraan wohde jähl vör Neid. Dä Mann kom janz höösch bei sin Nohbere on wollt sech dä Hongk ens uslehne. Die jode Lütt leeße sech och brietschlare. Dä Kähl hät no dä ärme Hongk so lang aan de Ling kreuz on quer dörch dä Jahd jetrocke för Jold ze söke, bes dat Dierke öwer sin eejene Beenches jefalle es. Dä Alde es fas jeplatzt, als us de Ähd nix angeres als wies Matsch

on Wohzeldreck eruskom. Vör Wut hätte dat ärme Dierke dot-
jeschlare on onger ne Boom bejrawe. Sin Nohbere hät dat vör
Kummer fas et Hezz jebroche. Jede Dach send se bei dat Dier-
ke aan et Jrab on dohten et met ehr Träne bejeeße. On jede
Dach es dä Boom e Stöck jewachse, dat hä bald ne janz decke
Stamm jekrett hadden. Et wor e Wonder! »Wemmer schon ki
Höngke mih hant, denn schenkt ons wennistens dä Boom,«
beddelten die jode Nohbere, »dann könne mr ons us demm
Holz en Hangkmöhl make.« »Doht dat,« keiften die schleihde
Nohbere, »äwer höht mech bloß endlech met dat Jeknaatsche
op!«
   So hät denn dä jode Mann dä Boom afjesächt, dä Stamm
noh Huus jeschleppt on sech aan et schnetze jejowe. Bald
konnte sin Frau die fähdeje Möhl op dr Desch stelle. Als wies
die aanjefange hät, die Möhl ze driehe, kom do ki Mähl erus,
sonders ne janze Hoope Jold- on Selwermönze. Em eeschte
Oorebleck wor die Frau so verschreck, dat se ne laute Schrei
jedonn hät. Dat hät och dä Neidhammel von näweraan jehöht.
Dä Schrei wor noch nit verklonge, do kom dä als aanjeloope,
för sech die Möhl uszelehne, leichter konnt mr jo nit aan de
Penünzkes kome. On wies demm sin Frau ze Huus aan die
Möhl am driehe wor on dobei von dat velle Jeld am drüüme
wor, kom op eemo us dr Möhl ne Jestank wies von ne Mest-
hoope erus, bloß von Jold on Selwer wor nix ze senn. Met vell
Jeschrei hät die ahl Schrappnell die Möhl en et Füer jeschmes-
se. »Ehr Bedröjer,« reef se noh dröwe, »mr hant üer Möhl ze
Äsch jemaht!«
   Dä leewe Nohber wor bloß mem Kopp am schöddele,
verstonn konnt hä dat nit. Hä nohm sech en Mang on hät die
Äsch dodren jesammelt, för se op sinne Acker ze streue. Koom
wore domet fähdech, kom ne hadde Wengk op on hät dä Stüff
öwer de janze Acker verdeelt. Ne Deel dovon es noch op ne
ahle Pruumeboom jeflore. On als wedder es e Wonder
passeht, dä alde Boom feng medde em Wenter aan ze blöhe.
Jrad wie sech dä jode Mann dat Wonder am aankicke wor,
kom dr Könech vörbeijeridde. Hä soh dä staatze Boom on reef:
»En minne Jahde en de Palz stonnt noch mih so alde ver-
dröschte Bööm, könnt ehr die och aan et blöhe brenge?« Dä
alde Mann hät tirek jo jesaht on hät en demm Könech sinne

Jahde die Äsch usjestreut. Et duerden ja nit lang, do blöhden die Pruume-, Kehsche- on Plüschpruumebööm, on dä Doft trock bes nohm Palast; et wor wies em Fröhjohr am rüsche. Demm Könech hät dat so jot jefalle, dat hä demm jode alde Mann ne Hoope Jeld jejowe hät, wat dä öwerjlöcklech sin Frau jebracht hät. No hadden die Zwei sovell Nüsele, dat se sech e jroß Huus baue on janz vell Land dobei koofe konnte. All ehr Not wor verjesse, on se dohden sech emmer jähn aan ehre ärme Hongk erennere.

Bloß die zwei Kratzböhschde von näweraan konnte dat nit verdrare. Se hant sech dä Rest von die Möhleäsch us em Hähd jekratzt on sech jesaht, mr jonnt jetz bei demm Könech on verkoofe demm för vell Jeld die Äsch. Wat die dröwe könne, könne mr als lang. Met die Äsch es dä Mann för die Pohz von demm Palast jetrocke on hät laut jerope: »Ech ben dä wohre Blötemaker, ech alleen!« Dä Könech, demm dat Schauspell so jot jefalle hadden, leeß em erenrope. Dä »Blötemaker«, dä schleihte Schwadlapp, doht no e beßke Äsch en dr Jahde streue on hoffden drop, dat et bald aanfeng ze blöhe. Blöhde send kin jekome, doför es äwer jet angeres passeht. Die Äsch es demm Könech on si Jefolje öwerall henjeflore, dat se sech dä Dreck us de Mull, de Nos on de Peröcke kratze moßte. Do es dä Könech so fuchtech jewohde, dat hä dä Befähl jof, dä Bedröjer ordenslech ze verkammesöle, on se hant em fas half dotjeschlare.

Dä Bedröjer konnt sech jrad noch noh Huus schleppe on hät sin freche Schnüß jehalde. Hä es si Läfdach nimmih jesond jewohde, on wat em sin Ahl ze Huus verzällt hät, wolle mr leewer nit sare. So hant die schleihte Mensche för ehr Jehässechkeet, ehre Neid on ehr Hengerlest de jerechde Strof jekritt.

Die jodhezzeje Lütt läften jlöcklech on zefreede en Kischwäth, on wenn se nit jestorwe send, kammer se noch hütt do römloope senn.

Auch diese Geschichte liefert wieder eine spannende Handlung für das von euch neu gegründete Mundart-Theater. Die verschiedenen Kulissen zu malen und einige Requisiten zu basteln, wird euch sicherlich viel Spaß machen. - Mit den Puppen in der Hand fällt es dann bestimmt nicht so schwer, den Text in Düsseldorfer Mundart vorzutragen.

DÄ BLETZAFLEITER-OPRUHR EN DÜSSELDORF

Heinz Engels

Ons heidnische Vörfahre, de Jermane, hant emmer jejlöft, dat
bei de Jewetter, die et jo och hee bei ons em Sommer oft jenoch
jöft, dr Jewetterjott Donar odder Thor en sinne jroße Donner-
ware öwer dr Hemmel jöcke döht. Dobei zockten us sinne
rode Baht Bletze, wenn hä sinne mächteje Hammer jäje de
söndhafte Mensche am schleudere wör. Och die Missionare
Bonifatius, Suitbertus, Willeicus hant dä alde Aberjlaube nit
us de Lütt erusjekritt, als die denne hee em 3. on 4. Johr-
hondert dä chrestleche Jlaube jebracht hant. On wie ärch
sonne Aberjlaube en die Mensche verwohzelt sin kann,
bezeucht dä Bletzafleiter-Opruhr em Johr 1783 en Düsseldorf.

Mr hät zwar am Eng vom Meddelalder on och noch späder
versökt, dörch dat Lüüde von jeweihte Jlocke Donner on Bletz
ze verdriewe, wat och noch vell Lütt för Jotteslästerong aanje-
kickt hant. Äwer dat wor schon ne kleene Versök, met denne
Angs on Schrecke enjarende Jewetter fähdech ze wähde. On
och dä Kurfürst Karl-Theodor hät jäje die Lüüderei nix jehatt.
Dä hät nämmesch em Johr 1780 et Mailüüde verbode, weil dat
met die Lüüderei e beßke vell jewohde wor, äwer die Jewetter-
lüüderei hätte wieder jestattet.

Doch bald konnt mr merke, dat dä hohe Här von so Sache
och kin Ahnong hadden. De Polizei moßt dat »Donnerwäder-
lüüde« verbeede, weil dobei ne janze Hoope Jlöckner, die
domols noch met de Häng aan dä Jlockestrang trecke moßte,
von ne Bletz erschlare wohde es. Bloß noch met die kleene
Meeßjlöckches dorft beim Jewetter jelütt wähde, äwer die
konnte de Lütt behaups nit höre. Jrad öm die Ziet wor ne
schlaue Kähl en Amerika, dä Benjamin Franklin, op die Idee
jekome, dat mr sech met ne Bletzafleiter jäje sonne Bletz
schötze konnt. Als dä Karl-Theodor dat jehöht hät, leeß hä
tirek so Denger op em Schloß on aan die angere öffentleche
Jebäude aanbrenge. Denne Lütt hät dat och widder nit jepaßt,
die hant nämmesch jejlöft, dat dr Herrjott sech dat nit jefalle
losse döht, dat eene en si Schalde on Walde enjrieft on deshalf

e jroß Strofjerecht öwer de Mensche köm. Us Angs dovör hant se sech zesammejedonn on die »Düwelsdenger« öwerall erafjeresse. De Polizei es met die Lütt nit alleen fähdech jewohde, dröm wohde och noch Pfälzer Drajoner enjesetzt, die de Opröhrer so fies verkammesölt hant, dat ne janze Hoope von denne ärch wat afjekritt hät. Aanschleeßend es noch en janze Reih em Kaschott jekome. Eesch nohdemm e paa Professore demm Volk klorjemaht hadden, wie jot sone Bletzafleiter es, konnte die Denger öwerall aanjebracht wähde. Bloß wer jejlöft hät, die Lütt wöre jetz vernönftech jewohde, dä hatt sech em Fenger jeschneede.

Em Sommer 1783 jof et öwer Düsseldorf e schwer Jewetter on doht sech met aller Jewalt entlade. Eene Bletz nohm angere es en die Hüüser enjeschlare on hät die en Brand jesetzt, ohne sech öm die Bletzafleitere ze kömmere. Do fenge die Lütt wedder aan ze lamenteere, die Bletzafleiter send Joddeslästerong, dat lößt sech dr Herrjott nit beede. On als Strof hädden hä da schlemme Jewetter noh Düsseldorf jescheckt, wat alles en Brand setze döht. No kröje se all die Strof Jottes ze spüre, of Scholdije odder Onscholdije. Dröm send se wedder loßjetrokke on hant aanjefange, die neumodesche »Onheelstefter« kapottzemake, öm die Joddeslästerong us de Welt ze schaffe. Denne es behaups nit klor jewäse, dat de Joddeslästerong ja nit en de »Düwelsdenger« on och nit en die Lüüderei, sonders dodren jeläje hät, dat se demm Herrjott ongerstellt hant, hä wollt met demm Jewetter e Strofjerecht öwer de Mensche halde.

Die Lütt, wo e beßke klor denke konnte, hadden trotz demm jroße Jedöns metjekrett, dat öwerall do, wo die »Düwelsdenger« wore, dä Bletz en de Ähd jejange wor on et nit jebrannt hadden. Et hät äwer noch en lange Ziet jeduurt, bes och dä letzte von denne Düsseldorwer bejreffe hät, wie jot sonne Bletzafleiter es.

SCHNEIDER WIBBEL

Heinz Jürgens
nach dem Bühnenstück von Hans Müller-Schlösser

Zu Beginn des letzten Jahrhunderts gehörte Düsseldorf als Großherzogtum Berg zu Frankreich, da auch unsere Gegend von den Franzosen erobert worden war. Den Düsseldorfern gefiel dies überhaupt nicht, weil die Franzosen ein strenges Regiment führten und von den Leuten verlangten, Französisch zu sprechen, was nur die wenigsten beherrschten. Aber kaum einer traute sich, etwas dagegen zu sagen. Jeder fürchtete sich, deswegen ganz schnell im Gefängnis zu landen. Nur wenn der Wein oder das Bier die Zunge gelockert hatte, kam schon mal das eine oder andere kritische Wort über die Lippen. Einer, dem dies dann gar nicht gut bekam, war der Schneidermeister Anton Wibbel.

Dä Wibbel wor met e paa Freunde noh e Bejräbnes noch en en Wehtschaft enjekehrt, öm sech e Jläske ze jenähmeje. Bei dat eene Jläske es et nit jebleewe, on dä Wibbel wohd emmer löstejer. Als jetz och noch dat Hopp-Majän, dat wor en Leedchessängerin, die von Wehtschaft ze Wehtschaft trock, dat Leedche aanfeng, »e Männlein kom us Korsika«, wor dä Wibbel nimmih ze halde. Dä hät öwer dä Napoleon, dat wor dä Kaiser von die Franzose, dä met demm Männlein jeminnt wor, herjetrocke, dat et sin Freunde angs on bang jewohde es. »Bes still, Wibbel, wenn dech eene höht, küttse em Kaschott!« Äwer dä Wibbel wor eemo so em Brass, dä leeß sech och nit von ne französesche Offizier ophalde, dä och en die Wehtschaft soß. Dä hadden no nix Eilejeres ze donn, als wies dä Wibbel aanzezeije. Et Eng vom Leed, dä Wibbel sollt för vier Woche em Kaschott.
Demm Wibbel wohd et janz fleu, wat sollte bloß donn? »Wat mak ech bloß, wat mak ech bloß, Fin, vier Woche em Kaschott, dat halt ech nit us!« Dat Fin, demm Wibbel sin Frau, hadden demm als längs de Lewitte jeläse on sahden bloß janz spetz: »Wibbel, dat hässe dech selfs enjebrockt, jetz mosse dat och uslöffele, odder jlöfste, die Strof könnt ne angere för dech

afsetze?« »Fin, Fin, dat es doch die Idee, ech sök mech eene, och wenn dat e paa Joldstöckskes koste sollt!« »Mann, du bes jeck, als wenn eene so doll wör, för dech nohm Kaschott ze jonn!« »Ech weeß eene, dä es so doll, dä deht dat, onsre Jesell, dä Zimpel! Äwer ech moß dat janz höösch aanfange!« säht dr Wibbel. Scheinhellech esse bei demm Zimpel jejange on hät för demm jesaht: »Zimpel, du sühs och nit jrad jot us, dech könnte e paa Dach Roh och emo jot donn.« »Baas, jähn, äwer wie soll dat denn jonn? Wer soll denn min Ahbit make?« »Ach, mach dech deswäje kin Sorch, dat kreeje mr als hen. Du bruchs bloß e klee beßke för mech ze donn, on dinne Schade soll et och nit sin!« »Baas, jetz maht ehr mech äwer neujerech, wat soll ech denn donn?« »Also paß op, ech soll jo die paa Woche em Kaschott on kann hee nit fott, do han ech mech jedenkt, dat du för mech setze jehs.« So, jetz wor et jesaht. »Äwer wenn dat eruskütt,« wor dä Zimpel noch am lamenteere. »Wie soll dat eruskome?« fröcht dä Wibbel, »ech jäf dech minne Strofbefehl, on du jehs dohen. Jlöfste, eene köm op die Idee aanzenähme, dat ne angere die Strof afsetze deht?« Dat hät demm Zimpel öwerzeucht, on hä es och brav nohm Kaschott jejange.

Dä Wibbel dorft sech jetz bloß de janze Ziet nit blecke losse, aanjeblech wor hä jo enjesperrt. Dröm hätte sech onger de Trepp en e Kabüffke jesetzt on do sin Ahbit jedonn. Demm Mölfes, dat wor dä angere Jesell, hät dat Fin verzällt, dat dä Zimpel för e paa Woche noh sin Schwester noh Kappeshamm wör, för wedder jesond ze wähde.

So hädden dat all prima jonn könne, wenn nit noh e paa Dach op eemo ne Kähl us em Kaschott bei die Wibbels op de Matt jestange hädden. Met e janz ähns Jesecht hätte för dat Fin jesaht: »Et deht mech ärch leed, äwer üre Mann es em Jefängnes jestorwe, hee breng ech üch demm sin Sache! Hezzlech Beileid!« Die Frau Wibbel wör fas en Ohnmacht jefalle, wat jetz? Dä Wibbel soß em Kabüffke, on all die Lütt jlöften, dä wör dot. »Ech ben dot on och am läwe!« jof sech dä Wibbel aan et kriesche, »Fin, wie soll dat denn bloß wiederjonn?« Die Frau Wibbel woßt dat en dä Oorebleck och nit, äwer zoeesch moßt jo dä Wibbel, dä ja nit dä Wibbel wor, onger de Ähd jebracht wähde. Öm die Ziet trock dä Leichezoch von de Lambäteskerch noh dä Jolzheimer Friedhoff, on et jing emmer aan demm Huus vorbei, wo de Leich ze Huus wor. On so kom et, dat dä Wibbel henger de Jardinge am spingse wor, för sinne eijene Leichezoch ze kicke. On et wor ne jroße Zoch, weil die Lütt dä Wibbel on sin Frau so jähn hadden, all en schwazz, die Kähls met ne Zybelender om Kopp, die Fraulütt em Sonndachsstaat, on et jof so vell Kränz, dat mr dä Sarch koom noch kicke konnt. »Mann, ben ech en schöne Leich!« konnt dä Wibbel bloß noch usrofe, bevör hä wedder en si Kabüffke jekroche es.

On von do us moßte en de nächste Ziet met aankicke, wie sech dä Mölfes als Baas opjespellt hät, wat sech vör allem beim Esse jezeicht hät. Dä hät erenjehaue, dat dä Wibbel demm am leefste dat Büjelieser nohjeschmesse hädden. Äwer dat jing jo nit, dä Wibbel wor jo dot! Hä konnt bloß voll Ambrasch »du alde Freßklütsch« zwesche dä Zäng erusdrökke. Als wies dä Mölfes äwer och noch aanfeng öm die Frau Wibbel erömzescharwenzele, weil hä jähn demm Wibbel sin Stell bei demm Fin enjenomme hädden, do wor et met die Jedold von dä Wibbel am Eng. »Fin«, hätte för sin Frau jesaht, »dat halt ech nimmih us, ech moß us demm Kabüffke!«

On so kom et, wie et kome moßt. Als wies eenes Dares Besök bei die Frau Wibbel wor, stung op eemo dä Wibbel medde em Zemmer, demm jetz alles ejal wor. Denne Lütt es dr Schreck en de Jleedere jefahre, die jlöften ne Jeist vör sech ze han. »Wer sid ehr denn?« konnt eene noch wiß wie de Wangk erusbrenge. Wies jetz noch die Antwoht »dr Wibbel« kom, wore die janz us em Hüske. Dä Mölfes konnt bloß noch stottere: »Dat es jo die Stemm vom Baas!« Kinne konnt sech dat Wonder erkläre, on demm Wibbel wohd et angs on bang. Wie sollt mr do wedder eruskome? Hä kickten noch janz verdötscht, da hät dat Fin op eemo jesaht: »Also ech well üch sare, wat loß es, dat es ne Wibbel, äwer nit dä Anton selech, sonders demm sinne Broder Schambaptist us Hamburg. On domet ehr dat och weßt, mr zwei wolle hierode!« E Jlöck, dat die vör Öwerraschong all dörchenanger am schwade wore, so hät kinne metjekritt, dat dä Wibbel för sin Frau jesaht hät: »Mr send doch als verhierot!« Äwer denn hätte dat Spell metjemaht. Nohdemm sech de Lütt noch en Ziet de Müüler dodröwer zerresse hant, wie schnell dat Fin dä Anton verjesse hadden, wor alles wedder jot. Bloß dä Mölfes wor ürech on hät sech en angere Stell jesökt.

In der Altstadt - genauer: zwischen der Flinger- und der Bolkerstraße liegt die Schneider-Wibbel-Gasse. Dort findest du an der Häuserfassade zwei Dinge, die an diesen berühmt gewordenen Schneider erinnern. Welche sind das? - Und noch etwas: Wer zur richtigen Uhrzeit in die Wibbelgasse kommt, kann noch heute den Schneider Wibbel bei der Arbeit beobachten. Finde die richtige Uhrzeit heraus!

Der Dichter Hans Müller-Schlösser, der die Geschichte vom Schneider Wibbel geschrieben hat, wurde in der Rheinstraße geboren. Wo liegt die Rheinstraße? Dort findest du in den Arkaden eine Bronzetafel, die dir etwas über den Dichter berichtet. Ließ den Text auf der Tafel! - Weißt du jetzt, warum Hans Müller-Schlösser nie aus Düsseldorf weg wollte? Die abgebildeten Figuren stammen aus der Geschichte vom Schneider Wibbel. Wen könnten sie im einzelnen darstellen?

WAT DE LÜTT AAN ZINT MÄTES DONNT

Heinz Engels

En Düsseldorf jöft et för dä Mätesowend en lange Tradition, wat de Lütt so all make. On dat Schöne bei die Sach es, et wöhd nit wennijer, em Jäjedeel, et wöhd emmer mih.

För de Kenger es dat Loope met de Mäteslampe met am schönste. Zoeesch hant dat die Jude jemaht, die am Vörowend von dat Fest ›Lucernarium‹ met Fackele, Lämpkes odder Kähze dörch de Stroße jetrocke send. Späder wohd dat och am Mätesowend jedonn, wobei die Lämpkes oft us ne Kürbis jemaht wohde send on noch nit so schön wore wie hütt.

Vör allem die erwachsene Lütt jonnt öm de Mätesziet Jänsebrode esse. Dat stammt us de fränkesche Ziet, als et vör Weihnachte en lange Fastenziet jof. Öm sech noch emo rechtech satt ze esse, wor sonne Jänsebrode jenau dat rechteje, domet mr besser öwer de Fastenziet kom. Mr verzällt sech äwer och, dat de helleje Mätes sech ens versteckt hadden, weil he nit Bischof wähde wollt. On dobei hant em e paa Jäns dörch ehr Jeschnatter verrode, on als Strof för dä »Verrot« wöre die donoh opjejesse wohde. Deshalf döhde de Lütt noch hütt en de Mätesziet so jähn Jänsebrode esse.

Dat Verdeele von de Weckmänner jeht op ne alde jallische Brauch zeröck. Domols hät mr aan all die Lütt, wo nit de Kommunion en de Kerch kreeje konnte, jesäjent Brot usjedeelt. Met de Ziet hät mr dat Brot so jebacke, dat mr tirek erkenne konnt, för wat för Fest dat jedacht wor. Die Plätzkes wohde Spekulatius jenannt, wat mr met »Belderbrot« öwersetze kann. On so es för dr Mätesowend dä Weckmann entstande, wobei die Pief ne veronjlöckte Bischofsstab es.

Och dat Jripsche, wobei de Kenger dörch Senge von Leedches von de Lütt e klee Jeschenk kreeje wolle, es ne janz alde Brauch. Fröher moßt am Mätesdach dä Här sin Lütt uszahle, on domet dä dat och konnt, hätte selfs wat jebrucht, watte sin Lütt jäwe konnt. Dröm moßte öm dieselwe Ziet die Pächter de Afjawe aan ehre Jrondhär afleefere, so dat demm sin Köch on Keller voll Züch wore. Dat hant die Lütt usjenötzt, die ärm wore. Die send bei die Häre jejange on hant die aan ehr Wohltätechkeet erennert. Die leeße sech nit lang bedde on hant die ärm Lütt jähn jet jejowe, weil se domet och jet för de eweje Selechkeet donn konnte.

Dröm senge de Kenger och hütt noch: »Kreeje mr nix vom Mätesmann, schlare mr en de Kokespann, hier wohnt ein reicher Mann, der uns vieles geben kann, vieles soll er geben, lange soll er leben, selig soll er sterben, das Himmelreich erwerben!« On wenn dä denne nix jöft, denn deht et em en de Ohre klenge: »Dat Huus, dat steht op eene Pen, dä Jizzhals setz en de Medde dren, Jizzhals, Jizzhals, Jizzhals!«

MET VERSKES ON LEEDCHES

Et Düsseldorfer Platt

Düsseldorf, du Stadt am Rhing,
Heimatstadt em Sonnesching,
wo min leewe Motter mech
et eeschde Mol de Mäukes strech.
Wo se mech jeknuuft, jehätschelt,
on dr Vatter mech jetätschelt.
Als ech noch em Mängke loch
on de eeschde Pulla kroch.

Als ech dann erusjekrabbelt,
on mih Kauderwelsch jebabbelt,
liert ech dann wie alle Blare,
eesch ens rechtech Mama sare.
Mama, Papa, heia mache,
on dann kome angere Sache.
Wuwau, Miezke, tomm auch schön,
muß mal auf et Pöttche jehn.

On dann späder kroch dat Päulche,
manchmol jet om Schlabbermäulche
oder och jet hengedrop,
wenne so als kleene Stropp,
wie ne alde Rhingkadett,
et eeschde Platt jesproche hät.
Doch dat Platt, dat liert ech bubbele,
ohne Striefe, ohne Knubbele,
wat ech von däm Hochdütsch dann,
wedder nit behaupte kann.
Hochdütsch es ze schwer ze liere,
jeder kann et usprobeere.
Saht zom Beispell, wenner könnt,
wie mer Blötsch op Hochdütsch nennt?
Oder Braatsch on schäl Maläuke,
Pennes, Tünnes oder Rabäuke,
Fisternölles on Schubiak,
Lampett, Plafong on Schöddelplack,

Tiftelöres, ahl Klappei,
Lappes, Flabes on Buhei,
Schnöfnoos, Jitta oder Pängke,
es jede Schang vielleicht e Schängke?

Kammer alles explezeere,
alles aanrekommandeere?
Ehr könnt üch dobei de Zong zerbreche,
wenn ehr dat nit op Platt könnt spreche.
All dat Hochdütsch es nix wäht,
wenn dr Mensch ki Platt versteht.

Paul Gehlen

So-Young Baik

Am Rhing litt e Städt-che seit sib - be-hon-dert Johr,

dat ons janz je - nau wie üch je - fällt ———.

Do-dörch fleeßt die Düs - sel schon em-mer, dat es wohr,

dat Städt - che kennt hütt de jan - ze Welt ———.

Die Düs — sel —— dor — wer Ken - ger spre - che Platt,

dat weeß die jan - ze Stadt, die schla-re och noch Rad.

Die Düs — sel —— dor — wer Ken - ger spre - che Platt,

on wön - sche Jlöck on Sä – je för die Stadt ——.

De Düsseldorwer Kenger spreche Platt

Am Rhing litt e Städtche seit sibbehondert Johr,
dat ons janz jenau wie üch jefällt.
Dodörch fleeßt de Düssel schon emmer, dat es wohr,
dat Städtche kennt hütt de janze Welt:

De Düsseldorwer Kenger spreche Platt,
dat weeß die janze Stadt,
die schlare och noch Rad.
De Düsseldorwer Kenger spreche Platt
on wönsche Jlöck on Säje för de Stadt.

Dat Dorf aan de Düssel wor domols koom bekannt,
doch heelt jede Mann demm Jrof die Treu.
Dat Stadtrecht, dat jof hä de Treueste em Land,
seitdemm doht sech hee so allerlei:

De Düsseldorwer Kenger...

Dat Städtche doht wachse, dat wor ne wohre Staat,
on bald kom do Freud on Jlanz eren.
Ons Förste on Könsler hant vell doför jemaht,
dat es hütt noch öwerall ze senn:

De Düsseldorwer Kenger...

Klemens Klöckner

Ne echte Düsseldorwer Jong

Jan Wel—lem hät jo för ons Stadt

ne jan—ze Hoop je—donn,

on hütt, do pro—fe—teer mr jlatt

och em—mer noch do—von.

Denn hä wor ne ech–te Düs-sel-dor-wer Jong,

on si Hezz schloch för ons Stadt.

Jo, hä wor ne ech–te Düs-sel-dor–wer Jong,

sproch och Düs—sel—dor—wer Platt.

JAN WELLEM

Regina Lerch

Ne echte Düsseldorwer Jong

Jan Wellem hät jo för ons Stadt
ne janze Hoop jedonn,
on hütt, do profeteer mr jlatt
och emmer noch dovon.

Denn hä wor ne echte Düsseldorwer Jong,
on si Hezz schloch för ons Stadt.
Jo, hä wor ne echte Düsseldorwer Jong,
sproch och Düsseldorwer Platt!

Dä Pastor Jäsch wor stadtbekannt,
dat wesse mr noch hütt,
konnt Wetzkes make met Verstand,
wor jot zo alle Lütt.

Denn hä wor...

On wenn mr öwerläje deht,
dann jöft et manche Mann,
dä hütt noch dörch ons Städtche jeht,
von demm mr sare kann:

Jo, dat es ne echte Düsseldower Jong,
on si Hezz schläht för ons Stadt.
Jo, dat es ne echte Düsseldorwer Jong,
sprecht och Düsseldorwer Platt!

Klemens Klöckner

So-Young Baik

Dat Leed von de »Dicke Zing«

Dat schönste Instrument am Rhing,
dat es un bliewt die dicke, dicke Zing.
Janz Düsseldorf es knatschverröckt,
wenn eener ihr dat Fell verjöckt.
»Helau!« so röppt dat Sting!
»Jetzt kömmt die dicke Zing!«

Ne Mensch, de jett von Musik kennt,
kennt och dat schönste Instrument,
wat wiet on briet am janze Rhing
bekannt es als die dicke Zing.
Se spellt nit »Dur«, se spellt nit »Moll«
se mäckt uns raderkastedoll!
Met Tschingdera on Bumdera,
met Tschingdebumdera:

Letz beim Jeburtsdag he vom Schäng,
do wor de janze »Retematäng«.
Mer hatten, weil et so schön klingt,
ons dicke Zing jlich mitjebringt.
Die janze Nohberschaft wood wach,
mer kriegten met de »Jema« Krach,
vom Tschingdera on Bumdera,
vom Tschingdebumdera:

Sonn Zing, dat es ön feine Sach,
sojar dr Hayden on dr Bach,
sie hatten immer een dobei,
jenau sonn dicke wie mer zwei.
Ja, dat es Musik, die bejlöckt,
jetz opjepaßt, jetz wööd jejöckt
met Tschingdera on Bumdera,
met Tschingdebumdera:

Jupp Schäfers

Et Fröhjohr

Wenn dr Wenter es verjange,
hät et Fröhjohr aanjefange,
on mr freut sech och am Rhing,
op dä wärme Sonnesching.

Alle Welt wohd naß on nasser,
on de Mensche emmer blasser.
Och dat Stoche mäkt ons ärm,
setzt mr doch jähn lecker wärm.

Ies on Schnee, dat wessen alle,
donnt ons selde dä Jefalle;
doför rejent et wie doll,
on dat Näske hammer voll.

Jott sei Dank, dat höht mr sare,
Sonnesching verjacht dat Klare,
Öwerall bloß frohe Tön,
denn jetz wöhd et wedder schön.

On en Wald on Feld on Flure
donnt op ons de Wonder luure.
Schön es doch die alde Welt,
die ons emmer neu jefällt.

Klemens Klöckner

Sebi

Froh on monter semmer hütt,
weil dä hellje Mann jetz kütt.
Lostech, lostech, trallerallala,
hütt es Nikolausowend do,
hütt es Nikolausowend do.

Freud jöft dat för jedermann,
kütt dä met sin Jabe an.
Lostech, lostech, trallerallala,
hütt es...

Wat mr all em Johr jedonn,
hät dä en sin Akte stonn.
Lostech, lostech, trallerallala,
hütt es...

Doch mr wore brav on nett,
doröm brengt dä jedem jet.
Lostech, lostech, trallerallala,
hütt es...

Noh die Freud do danke mr
och dem leeewe Jott doför.
Lostech, lostech, trallerallala,
hütt es Nikolausowend do,
hütt es Nikolausowend do.

(Melodie: Laßt uns froh und munter sein)

Klemens Klöckner

Mustafa Allouti

Dä Nikolaus kütt bald

Wie doch bloß die Ziet ver-jeht, wie so Jöhr-ke flee - je deht,

dä Ni - ko - laus kütt bald, denn et schneit schon em Wald.

On so man - che Lek- ke - rei hät dä dann för demm do-bei,

dä brav je - wä - se es. Dä kennt se all, dat es je - weß.

Mr blie — we froh on och op Zack;

ons stoppt dä Nik´ – laus nit en dä Sack.

Dä hell — je Mann kickt ons bloß aan,

weeß dann je — nau: die send noch nit dran.

Dä Nikolaus kütt bald

Wie doch bloß de Ziet verjeht,
wie so Jöhrke fleeje deht,
dä Nikolaus kütt bald,
denn et schneit schon em Wald.
On so manche Leckerei,
hät dä dann för demm dobei,
dä brav jewäse es.
Dä kennt se all, dat es jeweß.

Mr bliewe froh on och op Zack;
ons stoppt dä Nik'laus nit en dä Sack.
Dä hellje Mann kickt ons bloß aan,
weeß dann jenau: die send noch nit draan.

Max on Moritz send bekannt,
öwerall em janze Land,
denn jeder sproch dovon,
wat die zwei so jedonn.
Onkel, Lehrer, Meester Böck
heelte die bloß för dr Jeck,
doch kom schon bald die Strof
eh dä Nikolaus die trof.

Mr bliewe froh on och op Zack;
ons stoppt dä Nik'laus nit en dä Sack.
Dä hellje Mann kickt ons bloß aan,
weeß dann jenau: die send noch nit draan.

Klemens Klöckner

Wenn em No – vem - ber dä Mä – tes - mann kütt,

freu´n sech met ons och die äl — de - re Lütt,

denn ons Lämp – kes leuch — te schön —,

on mr höht bloß fro — he Tön —.

Zint Mä — tes mäkt ons em — mer froh

em bon — te Lam — pe —— sching.

Dat wor jo och schon frö — her so

op Mä — tes hee am Rhing.

Wenn em November dä Mätesmann kütt

Wenn em November dä Mätesmann kütt,
freu'n sech met ons och die äldere Lütt,
denn ons Lämpkes leuchte schön,
on mr höht bloß frohe Tön.
Zint Mätes mäkt ons emmer froh
em bonte Lampesching.
Dat wor jo och schon fröher so
op Mätes hee am Rhing.

Trecke mr dann dörch die Stroße der Stadt,
kicke sech all aan ons Fackele satt.
On so jeht dat jedes Johr
wie et och schon fröher wor.
Zint Mätes mäkt ons emmer froh,
em bonte Lampesching.
Dat wor jo och schon fröher so
op Mätes hee am Rhing.

On wie mr wesse, aan so eenem Dach
wöhd och so manche Erennerong wach.
Jo, mr send mem Hezz dobei,
onsem Brauchtum blief mr treu.
Zint Mätes mäkt ons emmer froh
em bonte Lampesching.
Dat wor jo och schon fröher so
op Mätes hee am Rhing.

Klemens Klöckner

David Noparlik

Jetz es et bald sowiet

Jetz wäh — de Kähz - kes aan - je – maht,

die leuch — te em Ad —— vent.

Et wöhd manch net — tes Wohd je —— saht,

bes je —— des Kähz — ke brennt.

Ad — vent, Ad – vent, jetz es et bald so wiet.

Ad – vent, Ad – vent, dann kütt die schö - ne Ziet.

Jetz es et bald sowiet

Jetz wähde Kähzkes aanjemaht,
die leuchte em Advent.
Et wöhd manch nettes Wohd jesaht,
bes jedes Kähzke brennt.
Advent, Advent, jetz es et bald so wiet,
Advent, Advent, dann kütt die schöne Ziet.

Et schneit so leise vör sech hen,
on wiß wöhd alle Welt.
Mr hant schon Tannebööm jesenn
en Stroße opjestellt.
Advent, Advent, jetz es et bald so wiet,
Advent, Advent, dann kütt die schöne Ziet.

En alle Läde en de Stadt
do stellt dat Chreskengk us.
Do jöft et för ons alle wat,
dat brengt et ons noh Hus.
Advent, Advent, jetz es et bald sowiet,
Advent, Advent, jetz kütt die schöne Ziet.

Dat Chreskengk kütt bestemmt wie sons
met sinne Schledde aan.
Mr hoffe, dat et bes bei ons
mem Schledde fahre kann.
Advent, Advent, jetz es et bald sowiet,
Advent, Advent, jetz kütt die schöne Ziet.

Klemens Klöckner

Simone Deuß

Op Weihnachte

Op Weih-nach-te lüü-de de Jlok-ke em Land
och hee vom Lam — bä – tes so schön——.
Dä Hem - mel, dä hät ons et Chres-kengk je - sandt
dat höht dann die herr - le - che Tön ——.

Op Weihnachte

Op Weihnachte lüüde de Jlocke em Land,
och hee vom Lambätes so schön.
Dä Hemmel, dä hät ons et Chreskengk jesandt,
dat höht dann die herrleche Tön.

Op Weihnachte send alle Stroße so leer,
doch henger de Fenster es Lecht.
Beim Kähzesching fällt do dat Senge nit schwer,
et leuchtet dann jedes Jesecht.

Op Weihnachte es jede Mensch rechtech froh,
dat Chreskengk kütt öwerall hen.
Seit domols en Bethlehem es dat schon so,
för alle met jläubejem Senn.

Op Weihnachte zeicht sech e beßke vom Jlöck
och henger verschlossener Dör.
Dann bliewe manch jode Jedanke zeröck,
wie schön, wenn et emmer so wör.

Klemens Klöckner

Et flö — stert lei — se dr Wenk,

em Wald köm hen — ge e Kengk

om Schled-de met dol - lem Je —— päck,

et röch so no fre - schem Je — bäck.

Dat freut ons so on mäkt ons froh,

et röch so no fre - schem Je — bäck.

Et flöstert leise dr Wenk

Et flöstert leise dr Wenk,
em Wald köm henge e Kengk
om Schledde met dollem Jepäck,
et röch so noh freschem Jebäck.
Dat freut ons so on mäkt ons froh,
et röch so noh freschem Jebäck.

För ons do es dat jeweß,
dat dat et Chreskengke es.
Et moß jo noch öwerall hen,
et fährt sinne Schledde schon en.
Dat freut ons so on mäkt ons froh,
et fährt sinne Schledde schon en.

On hät en Hellejer Nacht
dat Chreskengk alles jebracht,
dann kennt et jeweß noch sin Spur,
et fengt wedder ziedech retour.
Dat freut ons so on mäkt ons froh,
et fengt wedder ziedech retour.

Et flöstert leise dr Wenk,
em Wald köm henge e Kengk.
Et zeichte sech nit vör de Lütt,
doch wesse mr jetz dat et kütt.
Dat freut ons so on mäkt ons froh,
mr wesse och jetz, dat et kütt.

Klemens Klöckner

Vör fast zweidausend Johr

Vör fast zweidausend Johr
wohd die Weissarong wohr,
do wohd zom Jlöck för ons all,
Chrestus jebore em Stall.

Wat die Helleje Nacht
för ons Mensche jebracht,
hät ons dr Herjott jeschenkt,
dä en de Welt alles lenkt.

Wat demm Herrjott jefällt,
es en freedleche Welt,
dann mäkt et Jlöck och ens halt,
freu dech, et Chreskengk kütt bald.

Melodie: Leise rieselt der Schnee

Klemens Klöckner

Maht hoch die Dör, et Dor maht wiet,
et kütt de sejensreiche Ziet.
Am Eng es bald die janze Not,
dä Här es alle Mensche jot.
Hä scheckt dä Heiland hee eraf
on nömmt ons jroße Sorje af.
De Sönde dröckte schwer.
Mr lobe onse Här.

Wie joht deht dat die janze Welt,
wenn bald dat Lecht vom Hemmel fällt,
dat ons dä Heiland brenge deht,
dat keene hee verlore jeht.
Dä Jlaube zeicht die rechte Stroß,
weil alles hee em Donkel soß.
Ons Welt erneuert sech.
Jott Vatter Dank sei dech.

Maht hoch die Dör, et Dor maht wiet,
et kütt de jnadenreiche Ziet.
Dä Herrjott scheckt ons sinne Jong,
on alles es Erennerong,
wat ons dat Läwe schwer jemaht.
Mr hant schon lang dodrop jewaht.
Demm Hemmel danke mr
on lobe onse Här.

Georg Weißel
übertragen von Klemens Klöckner

Dr Wenter

Wenn dr Herbst kin Kraft mih hätt,
on de Bööm stonnt kahl on leer,
blift de Sonn jähn lang em Bett,
on dr Wenter kömmt doher.

Op sin nasse, kalde Aht
schummelte sech en de Welt.
Manchmo hät et Freud jemaht,
wenn hä sech en Jrenze hält.

Jlatties äwer mäkt kin Freud,
bloß de Jurend fengt et jot.
Von so manche Tummeleut
hät doch jehde schon jehoht.

Och dr Schnee en onser Stadt,
es nit emmer jähn jesenn,
äwer oft vermeßt mr wat,
es bloß emmer Räjen dren.

Kömmt de Weihnachtsziet eran,
wönscht mr sech die wisse Pracht,
dat mr Schledde fahre kann,
on et Kengerhezzke lacht.

Höht mr dann beim Kähzelecht
öwerall bloß frohe Tön,
strahlt met fröhlechem Jesecht
och dr Wenter, dat es schön.

Klemens Klöckner

Lob onse Herrjott

Lob onse Herrjott, hä hät ons dä Jlaube jejäwe.
Loßt ons de Stemme zor Ehr on zom Dank erhäwe.
Mr wolle Treu, an jedem Dach emmer neu,
jläubech sin Werke erläwe.

Lob onse Herrjott, hä leeß sinne Jong för ons sterwe,
bracht ons si Reich, on hä jachte ons nit en't Verderwe.
Hee en de Welt hät hä ons Mensche jestellt,
dat mr et Hemmelreich erwe.

Lob onse Herrjott, hä hätt sinne Säje jejäwe,
dat mr als Mensche och jot en de Welt könne läwe.
Dat hä ons höht, soll sech dä Klang von ons Leed
öwer de Wolke erhäwe.

Melodie: Lobe den Herren

Klemens Klöckner

Jetzt sind wir am Ende unserer Mundartgeschichten und Mundartlieder aus Düsseldorf angelangt. Vielleicht ist es dir bei den ersten Geschichten noch etwas schwer gefallen, die Düsseldorfer Mundart zu lesen und zu verstehen; aber... Übung macht den Meister! ...und wenn du meinst, daß das mit der Mundart bei dir schon ganz gut klappt, dann darfst du von dir behaupten: »Ich bin ne echte Düsseldorwer Jong« oder »Ich bin e echt Düsseldorwer Weit«.

Für Düsseldorfer Kinder findet jährlich ein Mundart-Vorlesewettbewerb statt. Auskunft erteilt die Stadt-Sparkasse Düsseldorf (Telefon: 0211 / 878-1638).

...übrigens: Geschichten, die du selbst in Mundart geschrieben hast, werden von den Düsseldorfer Mundartfreunden gern in ihrer Zeitschrift veröffentlicht! Adressiere sie an: Düsseldorfer Mundartfreunde e.V., Geschäftsstelle, Stiftsplatz 4a, Lambertushaus, 40213 Düsseldorf.